U0106921

中環一筆叢書

第 **1** 輯

支離破碎的世界

屈穎妍 著

太平書局

「中環一筆」叢書第 1 輯

支離破碎的世界

作　　者：　屈穎妍

責任編輯：　郭　澄

封面設計：　Cathy Chiu

出　　版：　太平書局

　　　　　　香港筲箕灣耀興道3號東匯廣場8樓

發　　行：　香港聯合書刊物流有限公司

　　　　　　香港新界荃灣德士古道220-248號荃灣工業中心16樓

印　　刷：　盈豐國際印刷有限公司

　　　　　　香港柴灣康民街2號康民工業中心14樓

版　　次：　2021年 7 月第 1 版第 1 次印刷

　　　　　　© 2021太平書局

　　　　　　ISBN 978 962 32 9352 5

　　　　　　Printed in Hong Kong

「中環一筆」叢書總序

都說歲月有痕。香港正處於百年未有之大變局。順應歷史潮流的變革是一種必然。

世上很多變革往往是被迫發生的，包括觀念的變革。任何一個事物的變革，巨大的動力在於迫切需要變革的人。香港走到變革的今天不容易。這種艱難度，香港人最清楚。

變革，就是不同於昨天，不重複今天。變革中的問題，只能透過繼續變革來解決。不斷的變革，才有不盡的活力。變革的時代，提供了發揮能力的機會，也提供了對能力的挑戰。

立足大視角，變革新香港。跳出香港看香港，跳出當前看長遠。這是本叢書第一輯、第二輯共 10 位作者的共識。

自 2014 年 7 月，零傳媒國際有限公司牽頭成立「中環一筆」評論小組，邀請香港媒體界、教育界、司法界、財經界等專家，每週撰寫關於香港時政的評論文章。他們扎根在各自的專業領域數十年，建樹良多。7 年來香港經歷了一系列的動盪，從非法佔中、雨傘運動再到 2019 年的反修例風波，他們一直堅守前線，筆耕不輟。

2015 年以來，零傳媒已先後出版了《香港傘裏傘外博弈》、《血色旺角前世今生》、《回歸 20 年 —— 香港浴火重生》、《香港超越內耗》、《香港拒絕傲慢與偏見》、《香港顏色密碼》、《衝破香港黑夜的曙光》等 7 本相關評論文集，在海內外傳遞出強有力的聲音。當時間走到 2021 年，《香港國安法》已經實施，完善選舉制度條例刊憲，香港迎來一個新的變革契機，我們覺得需要為每一位作者的思考，專門結集出版。

這 10 位作者及其作品，分別是雷鼎鳴《龍鷹相搏 —— 香港看到的中美政經關係》、楊志剛《花開瘟疫蔓延時》、陳莊勤《沉默不螺旋》、屈穎妍《支離破碎的世界》、陳文鴻《港人的家國觀和世界觀》、阮紀宏《來生再寫中間派評論》、劉瀾昌《港人為何未能治港》、何漢權《教育，過眼不雲煙》、潘麗瓊《黑暴未了，真兇是誰？》、江迅《嬗變香港》。

　　感謝太平書局為此套叢書精心設計，如您將整套書擺放在一起，在書脊處會見到香港地標中環的完整海岸線，我們謹以此向各位作者致謝。

　　我們共同期待大變革下，香港會越來越好。

序言

2020 年 9 月 22 日，美國戰地記者安德烈・伏爾切克（Andre Vltchek）在土耳其突然死亡，他是在跟太太自駕遊時在旅遊車上猝死的。

一個外國人的死，干卿何事？

恰巧，我看到安德烈死前的幾篇報導，竟然都跟我們有莫大關係，其中一篇叫〈I never saw a world so fragmented〉（我從未見過如此支離破碎的世界），原來安德烈這位戰地記者死前去過的「戰地」，就是香港。

是的，2019 年的香港，已變成一個戰地，黑暴成功製造了亂世，香港人經歷了從未遇過的撕裂，如同安德烈形容，這裏已是一個支離破碎的世界。

安德烈不像一般西方記者，高舉民主，讚美黑暴，譴責警隊，他走到暴徒中間，告訴他們自己在阿富汗、利比亞、敍利亞、伊拉克、斯里蘭卡看到的故事，跟他們解構盧旺達、波斯尼亞的大屠殺……安德烈希望說服年輕人，你們正演着同一劇本，而遙控的導演，在華盛頓。

安德烈也去過新疆，把真相呈現人前，以反駁美國的抹黑，反對西方國家把西方模式強加東方……在我們眼中，安德烈是個不一樣的老外，這個西方記者說真話、揭真相，然而，這樣的人，卻忽然喪命，他的死，離奇得連土耳其警方都堅信不尋常。

許多人說，香港人很有國際視野；就穿了，其實香港人只有國際旅遊視野。沒錯，我們去的地方很多，但我們知道的國際陰謀很少。2019 年黑暴是一記暮鼓晨鐘，把大家敲醒，而安德烈，

也用盡一切方法幫忙喚醒迷途的香港年輕人。

可惜，說真話揭真相的人卻丟了命，安德烈逃過真實炮火、避過各種危難，卻躲不掉滅口式的政治暗殺。

安德烈不能枉死，真相要繼續被揭示，前路艱險，我們更要奮進，話語權之戰，要靠寫的人記下，看的人廣傳，就讓我們在這逆行的路上，共同努力。

屈穎妍

目　錄

「中環一筆」叢書總序 / *i*

序言 / *iii*

第一章　我們跟大屠殺擦身而過

我們跟大屠殺擦身而過 / 2

一份人性的考卷 / 5

從糧倉到子宮 / 7

被歷史遺忘的十五萬孩子 / 9

人口普查裏的「動物羣體」 / 12

兩仙一隻大老鼠 / 14

韓國汽油彈消失的秘密 / 16

不能安居，就能永遠躁動 / 18

好心人被雷劈得多，是會心死的 / 20

屁孩挑戰大巨人 / 22

小郵差・大力量 / 24

新十二「門逃」BNO 闖關失敗記 / 26

如果，漂着二千具浮屍的是黃河…… / 28

英國人眼中的蝗蟲 / 30

高帽帶來的災禍 / 32

積非成是的異獸 / 34

師父被滅聲，徒弟被點穴 / 36

第二章　從未見過如此支離破碎的世界

一塊巧克力改變一生 / 40

給五十年後看歷史的人 / 42

從理不從眾 / 44

賭神說：這裏是公海！ / 46

假面青年 / 48

炒魷教師護航協會 / 50

從未見過如此支離破碎的世界 / 52

爆眼幫兇逐個捉 / 54

私隱的雙重標準 / 57

說得出的未來 / 59

遙控的革命 / 61

死了一個人，也活埋了人性 / 63

一千萬的走佬特工隊 / 65

你走錯地方，這裏不是政治中立 / 68

黎智英的軟肋 / 70

搞人仔女之後…… / 72

二次回歸 / 74

第三章　挺身而出的凡人

沒有從天而降的英雄，只有挺身而出的凡人 / 78

愛國是，在國家最需要時挺身而出 / 80

驚天動地的遺言 / 82

永不消逝的電波 / 84

高原上的美少年 / 86

犧牲，離我們很遠很遠 / 88

病毒不可怕，可怕是…… / 90

踏在一把間尺闊的山路上 / 92

官呀官！ / 94

在最危難的時候，看到星星…… / 96

風雪中移動的雕塑 / 98

時鐘，是沒有如果 / 100

白衣戰士 / 102

八佰 / 104

憶甜思苦的幕後故事 / 106

定格在扶貧路上的生命 / 108

奈何橋上，一個光着屁股的富豪 / 110

不健全的記憶，造就不健全的一代 / 112

第四章　這是一場熱痱革命

黑暴思維的延續 / 116

這是一場熱痱革命 / 118

尋找他鄉呻笨的故事 / 120

為甚麼我們活得像地下黨？ / 122

搏了一世，終於到了失手的一天 / 124

走・狗 / 126

三年後……你邊位？ / 128

樹倒猢猻散之後 / 130

哭泣之城 / *132*

佔領監房，正式開始 / *134*

瘀血 / *136*

被捕是幸運，逃脫才是詛咒 / *137*

自由，他們是最有力的解說者 / *139*

第五章　官啊，請從神壇走下來

戀戀不捨的假髮 / *142*

我的君主？誰的皇上 / *144*

請從神壇走下來 / *146*

同謀 / *148*

法律是為豺狼而設的 / *150*

奇幻法院 / *152*

謊言止於法治 / *154*

壞細路 / *156*

開卷有益 / *157*

第六章　一隻按章工作的龜

這是匍匐地上的百姓 / *160*

一萬蚊一日的官 / *162*

回到「年獸」的世代 / *164*

誘因 / *166*

飯桌上的民生 / *168*

這是一場訊息戰 / *170*

打刼庫房 / 172

跑了和尚，走不了廟，目標是廟 / 174

這場賽跑，我們連塵都吃不到 / 176

撲克臉的官 / 178

抗疫，是一種特權 / 180

一隻按章工作的龜 / 182

返鄉下 / 184

欠缺的土壤 / 186

每個人都有老去的一天 / 188

最後一根稻草 / 190

只會伸手的孩子 / 192

請不要再把 ABC 變成微積分 / 194

原來，這叫隔離 / 196

吃飯前，先算一條奧林匹克數 / 198

暴徒教師 / 200

一個樂園的死穴 / 202

清零了，可惜不是疫情 / 204

載着疫苗的蘇州艇 / 206

天天都是歷史課 / 208

瘟疫後的官場現形記 / 210

第七章　守城，不只是十五分鐘的戲

守城，不只是十五分鐘的戲 / 214

殺君馬者道旁兒 / 216

她的死，死於大家漠不關心 / *218*

通緝犯家人報警找通緝犯 / *220*

冷飯盒 / *222*

一人做事，到底幾多人當？ / *224*

見血和不見血的痛 / *226*

雞髀、燒賣、維他奶 / *228*

不能伸直的手指 / *230*

我無報警！ / *232*

妄想的貞節牌坊 / *234*

來生要做隻白鴿 / *236*

新世代殺人武器 / *237*

一哥幫手教仔，段爸躲到幾時？ / *239*

只想回家過中秋 / *241*

第一章

我們跟大屠殺擦身而過

我們跟大屠殺擦身而過

感謝法國總統馬克龍，如果不是他在盧旺達懺悔，我都不會認認真真去找回那段被遺忘的歷史重溫，然後，驚醒，頓悟。

我印象中的盧旺達，只有貧窮與殺戮。1994那年，國際新聞滿是盧旺達種族屠殺的血腥，非洲太遠，香港人覺得事不關己，沒興趣深究。今天回看，再想想2019年黑暴，才感到不寒而慄，原來我們跟大屠殺擦身而過。

1994年，盧旺達發生了連續3個月的種族大屠殺，胡圖族人拿着砍刀斬殺了80萬圖西族人。兩族仇恨何來？原來是有人刻意種下的。

盧旺達是個非洲小國，早年曾被德國及比利時殖民統治。西方人最擅長「分而治之」，只要製造族羣撕裂，讓他們打生打死，就不會有團結起來對抗殖民者的危機。

於是，德國人硬把盧旺達人分成2種民族：個子高、鼻子小、膚色較白、家有超過十頭牛的，叫「圖西族」；個子矮、鼻扁扁、皮膚黝黑、擁有少於十頭牛的，叫「胡圖族」。這種劃分，好明顯將人種分了高低，富的窮的、美的醜的，一看身份證就知道。

殖民者讓屬於精英的圖西族人執掌政權，要圖西族壓逼胡圖族，仇恨，日積月累。1962年，殖民者撤出盧旺達，小國宣佈獨立成為共和國。臨走前埋下炸彈地雷，似乎是西方殖民者的指定動作，盧旺達也不例外。

殖民者撤走前，把原本由圖西族掌權的盧旺達，交給胡圖族管理。一向被壓迫的胡圖族，一下子成了國家掌舵人，開始大報

復。兩族仇恨，火速升溫。

1994 年 4 月 6 日，掌權的胡圖族總統乘搭的飛機被擊落，總統身亡，國家忽然謠言四起，說總統之死是圖西族佈置的刺殺行為，有人呼籲胡圖族人拿起砍刀來報復，把圖西族人殺個片甲不留。

於是，盧旺達所有道路都被設置路障，檢查所有過路人的身份證，只要發現是圖西族人，不分婦孺老幼，格殺勿論。有極端分子更在醫院放出幾百名愛滋病患者，組成「強姦小隊」，四處強姦圖西族女人。

當時盧旺達的前首富叫卡布加，是這次大屠殺的幕後金主，他購入 50 萬把砍刀，四處分發給胡圖族人，還為殺戮者提供制服、交通、通訊設備及所需物資。卡布加的另一身份，是盧旺達傳媒大亨，他擁有電視台、電台及雜誌，一天到晚不停散播對圖西族人的仇恨，傳播謠言及假消息，讓民眾進入瘋狂狀態。明明是好鄰居、好朋友，大家不知哪來的恨，拿着砍刀斬個你死我活。

1994 年看新聞時不明所以，2019 年經歷黑暴後直如醍醐灌頂，這段瘋狂路，我們也曾走過。

平定內亂後，盧旺達新總統卡加梅指控法國，因為他們是大屠殺背後的策劃人及武器提供者。法國一直否認，直至上星期，總統馬克龍來到盧旺達懺悔，間接承認了大屠殺果然是由外國勢力促成。

新總統上場後第一件事就是廢除身份證上圖西族及胡圖族的劃分。幾年前朋友去盧旺達旅行，參觀火山時問身邊挑夫：「你是圖西族還是胡圖族？」挑夫微笑回答：「現在沒有甚麼種族了，我們都是盧旺達人。」

終於明白為甚麼有人不斷鼓吹「香港民族」，只有分化，才

會有仇恨。我在想，幾時才會有這一天，一個外來人問香港小伙子：「你是香港人還是大陸人？」他會說：「我們都是中國人。」

（原刊於 2021 年 6 月 5 日）

一份人性的考卷

總覺得，一場新冠肺炎，是上天給各國的考試卷。難題一樣，考的，除了救治方法，還有人性。

瘟疫襲來，中國人首先想到的，是別人。怎樣阻止疫症蔓延到其他地方、其他國家？於是，果斷封城，切斷傳播鏈，寧願犧牲經濟、犧牲一部分人的自由，為的，是保護大多數。

不介意失去，才會得到更多，結果，中國成了世界第一個清零的國度，國民早就可以掀開口罩四出遊玩、自由呼吸。

然後，美國一躍成為世界疫情第一國度，至今已有累積個案3 000多萬，死亡人數58萬，比美國在一戰、二戰和越戰的死難者總和加起來還要多。

然而，這個國家的國民仍繼續四處飛，世界第一大國，沒人夠膽阻止他們入境，美國人也像聽慣了死亡數字，繼續選舉，繼續行樂。人命如螻蟻，58萬條生命，在當權者眼中只是草芥。

最近，輪到印度。每日三四十萬新症，焚化爐都燒壞，已到死無葬身之境地。

醫療系統崩潰，政府束手無策，國境內的富豪雞飛狗走，一夜之間，8架載着印度超級富豪的私人飛機抵達倫敦，印度航空更增加直飛美國航班至每週32班。

累積接近2 000萬病例、超過21萬人死亡，印度政府卻沒有把國門關閉，反而任由國民四處逃竄。顧不了國民死活，更懶理其他人會否受感染，跟美國一樣，民主自由比人命都優先。

比較之下，這份考卷考驗出一個最狠的國家，就是澳洲。因為目前有至少9 000名澳洲公民滯留印度，澳洲政府怕他們逃難

回國避疫，於是宣佈，從印度回國的澳洲公民，將被判 5 年有期徒刑。

狠狠把國民丟在門外，這就是西方日夜吹噓的文明？這就是白人引以為傲的民主？

結果是檢驗真理的唯一標準，在這份相同的考卷下，哪國表現出體制優越？哪個民族表現出優秀文化？甚麼才叫以民為本？怎樣才叫愛民如子？如何做到捨己為人？我們的國家，當之無愧。

我不入地獄誰入地獄？中國人信仰的最高境界，是不求他佛。求人不如求己，做好自己，守好他人，對得住天地良心，最後發現，原來自己正正就是拯救自己的那個佛。

（原刊於 2021 年 6 月 3 日）

從糧倉到子宮

愈來愈多年輕人提起烏克蘭，一個給你世界地圖你都未必指得出在哪的國家，忽然成為黑衣人口中的烏托邦。

事緣，反對派搞了個「遍地開花」放映會，在香港 20 多個點流動播放一齣講述烏克蘭顏色革命的紀錄片，此片挾着 2016 年奧斯卡「最佳紀錄片」提名的架勢，配以美麗烏克蘭白人少女的動人故事，直把年輕人的魂魄勾去，看完電影的黑衣孩子，都說要以烏克蘭的成功革命為奮鬥目標。

如果你碰上這樣的孩子，請你向他 / 她問一句：「你們真的想成為烏克蘭？你們可知道今日的烏克蘭是何模樣？」

曾經，烏克蘭有「歐洲糧倉」美譽，是世界第三大糧食出口國。自從 2014 年爆發顏色革命後，經濟崩盤、社會撕裂，今日的烏克蘭，已淪為歐洲最窮國家，人均 GDP 只得 3 000 美元（香港人均 GDP 約 47 000 美元），而我們的年輕人，竟然說嚮往成為烏克蘭。

孩子說，我們要的是民主自由，即使香港變成小漁村也不打緊……

窮，你以為只是小漁村的浪漫小確幸嗎？

看顏色革命後的烏克蘭，除了丟掉「歐洲糧倉」的冠冕，原來已換上「歐洲子宮」的淒酸。

今日，烏克蘭已成為歐洲最大紅燈區和國際代孕中心。因為烏克蘭女子樣貌身材很標青，於是，窮家美女最有效快捷的賺錢方法就是當娼。據聯合國數據顯示，歐洲每 4 個性工作者，就有1 個是烏克蘭人。

近年烏克蘭政府為了振興經濟，甚至大力鼓勵烏克蘭女孩加入代孕行列，為其他國家的客戶生孩子。因為烏克蘭女孩素質高，她們又以極低價搶佔國際代孕市場，幾年間，烏克蘭已奪得「歐洲子宮」稱號，成為國家賺取外匯的一大來源。

烏克蘭女孩趨之若鶩的代孕「好工」，待遇不過是 1 萬美元替別人懷胎十月生一個 BB。香港年輕人你們真希望要過這種活？

（原刊於 2019 年 9 月 12 日）

被歷史遺忘的十五萬孩子

有沒有想過，你把孩子送到學校之後，會從此銷聲匿跡，連屍骸都沒有，彷彿他或她從未在世上出現過？

根據加拿大媒體報導：日前在卑詩省甘碌市（Kamloops）一間原住民寄宿學校舊址的地底，挖掘出 215 具兒童骸骨，經專家鑒定後，相信屬於 19 世紀時原住民寄宿學校的學生，年紀最小只有 3 歲。

學生怎會死在寄宿學校？而且是 215 個那麼多？那就要從 16 世紀講起。

1 500 年之前，印第安人一直在美洲安居，相安無事。自從哥倫布船隊帶來歐洲白人，世界不再一樣。

我們的學校課本只是這樣教：「哥倫布發現新大陸」，教科書沒說的，是哥倫布幾乎滅了整個印第安民族。這班歐洲來的侵略者，不單把印第安人的土地奪去，還有系統地一步步滅絕這民族。

美國第一任總統喬治・華盛頓 1779 年親自指揮印第安人大屠殺，他們推行「頭皮政策」，白人每殺一個印第安人，就可拿他的頭皮去政府領賞，一塊印第安男人頭皮獎金是 100 美元（約 780 港元），一個印第安兒童或婦女頭皮則可換 50 美元（約 400 港元）。

獵殺之外，還要把他們同化。於是統治者規定，所有 18 歲以下的印第安小孩一律要被帶離父母身邊，強制入讀政府開辦的寄宿學校。不願意把孩子交給白人的印第安父母，會被送進監獄。結果，超過 15 萬印第安孩子被抓進寄宿學校。

這些小孩一抵埗，就要換掉所有印第安人裝束，把傳統的長

髮長辮剪掉；他們從此不能信奉自己的宗教，不准說印第安話，只要聽到你講一個字印第安話，就會被體罰及用肥皂洗嘴巴。他們要拋棄原本的印第安姓名，另取一個白人名字。只講英文，只信奉白人宗教：天主教或基督教。

孩子在這些寄宿學校一住就幾年甚至十年，不可回家，完全跟家人隔絕。有些小時候就離開父母的孩子，18 歲畢業回家後，已不能再用印第安話跟家人溝通，有些甚至連自己的印第安名字都忘掉。人在，但靈魂已不再是印第安人。

這些寄宿學校因為資源有限，故沒有校工，學校大小事務，都由印第安孩子來做。他們除了學習，還要耕種、打掃、洗衫、煮飯。他們經常吃不飽，甚至被暴力虐待及性侵。根據歷史紀錄，在 1880 至 1990 年期間，就有 3 000 多名印第安學生在寄宿學校死亡，因為死亡學生太多，好多寄宿學校旁邊就是墓地。

2015 年加拿大「真相與和解委員會」公佈了一份耗時 6 年、採訪了 7 000 多名印第安寄宿學校倖存者的調查報告，裏面全是一段段悲慘的口述歷史：有孩子因為尿牀，被罰以尿擦臉；有孩子不適嘔吐，被逼把自己的嘔吐物吃回。

有位在寄宿學校住了 9 年的倖存者說：「有個小女孩被性侵懷孕了，當她把孩子生出來後，學校的人奪走她的孩子，把嬰兒帶到樓下。當時我和一位修女在廚房做晚飯，我親眼看到他們把小寶寶扔進壁爐活活燒死，我永遠記得那微弱的哭泣聲和肉體焚燒的氣味……」

這些寄宿孩子好多都得了創傷後遺症，除了因為自小被虐，更因為失去自己的文化，他們只剩下一個印第安軀殼。

正如第一所印第安寄宿學校的創校格言：「Kill the Indian, save the man.」（毀滅印第安人並拯救人類），所謂「辦學目的」，

就是赤裸裸的民族滅絕。

　　你以為這是年代久遠的歷史？不，這些學校，由 1879 年開始，到 1996 年才被全部關閉。近在咫尺的種族滅絕慘劇，如果不是那 215 具被挖掘出來的童骸，相信早就被遺忘在歷史洪流下。

（原刊於 2021 年 5 月 30 日）

人口普查裏的「動物羣體」

有沒有想過，一個地區或國家的人口普查，有些人是不會被列入普查之列？

不是躲在地下的黑工或非法移民，而是站在你面前讓你數的人頭，偏偏普查員算到他們，就會無視略過。

1901 至 1973 年，澳洲推行「白澳政策」，他們奉行白人至上，要澳洲土地上只存在白人，於是，掩耳盜鈴地把原本生活在這裏的土著排除在人口普查之外，將他們全歸類為「動物羣體」。

這批澳洲土地上的白人，明明是後來的佔領者。1770 年，英國航海家庫克登陸澳洲東岸後，不單賴死唔走，搶奪了原有土著的土地，還開始了一連串「土著改造」計劃。

白人認為土著人是「低賤無知」的人種，應該在世上消失，於是設立「原住民保護法」，允許政府可隨意從土著家庭中帶走兒童，送到白人家庭、教會或收容所寄養。理由是這些土著媽媽沒有教育能力，白人要「幫忙」把這些黑孩子清洗改造。

他們美其名保護兒童，以強逼、欺騙、偷盜的手段，把一個個土著兒童從家庭帶走。有些剛出生的嬰兒，媽媽未來得及看一眼，就直接被拐走。為防止尋親，政府還設專責部門銷毀兒童及其土著父母的資料。

如同近日被揭發的加拿大新聞：「卑詩省印第安寄宿學校發現 215 具兒童遺骸」，這是白人一段刻意被洗擦的黑歷史，相同的兒童拐帶事件不單發生在美洲，還有澳洲、歐洲等地。而澳洲這批被捉走的土著孩子更多達 10 萬人，在澳洲歷史上被稱為「被偷走的一代」（Stolen Generations）。

1997 年 5 月，澳洲人權專員發表了一個名為「帶他們回家」(Bring Them Home) 的調查報告，一幕幕被偷走兒童的悲慘故事才得以曝光。

61 歲的愛德華茲憶述，4 歲那年，母親在家餵她吃黑莓時，警察忽然掩至，把她強行帶走。之後 11 年她都在訓練營渡過，學習白人的生活方式。每天她都被逼拚命洗擦皮膚，讓皮膚看來更白。直到 33 歲才跟母親重逢，愛德華茲說，這一生她都忘不了當日那顆黑莓的味道。

68 歲的華萊士說，她 7 歲那年被拐子佬騙說帶她坐車購物，之後便被送到荒島做「同化」訓練，直至 42 歲才找回家人，但因她只會說英語，外貌也不像土著，母親不肯認她，兄長也認不出她……

「帶他們回家」報告裏，盡是同化政策下的種族滅絕故事。這些「被偷」的孩子，在訓練營內穿着制服做苦工，被逼忘記自己的語言和文化。

男童會被送到農場做無薪工作，做錯事就要脫光衣服綁起鞭打；女童則穿起白裙，列隊等候澳洲白人家庭領養，然後與白人結婚，一代一代洗掉皮膚的黑……白人認為經過這樣清洗改造後，澳洲將不會再有黑土著，真的成為「白澳」了。

我在想，如果這些事發生在中國、在新疆，國際會鬧翻天到甚麼地步？

誣衊的故事，全世界都有興趣杜撰傳揚，真實的種族滅絕歷史，卻一直被淡化甚至被遺忘。蒼天有眼，加拿大那 215 具童骸一石激起千重浪，我們不是要數落別人過去，而是要認清真實歷史，這樣才能在混沌世代中，分清黑白。

（原刊於 2021 年 5 月 31 日）

兩仙一隻大老鼠

　　有點歲月的香港人都會記得一個已拆卸的中環著名地標「卜公碼頭」，住在港島的居民更可能會到過上環的「卜公花園」，但到底「卜公」是誰？我相信未必人人知曉。

　　「卜公」的名字是卜力爵士（Sir Henry Arthur Blake），他是殖民地年代英國派駐香港的第12任港督（1898-1903年），他和第11任港督威廉・羅便臣（Sir William Robinson）在任內遇到的最頭痛事件，就是1894年香港爆發有史以來最大規模的鼠疫。

　　當年的鼠疫導致2 547人死亡，三分一人逃離香港，整體人口由23萬劇減至9萬，商業完全陷於癱瘓。

　　由於瘟疫源於上環華人貧困者聚居的太平山街，為防疫症擴散，當時港府採取強硬政策，公佈《緊急防疫條例》，動用駐港英軍及警察在太平山街附近逐家逐戶拍門，強行入屋把疑似患者或者淋巴腺腫脹者捉走，送到西環對出海面一艘叫「海之家」的醫院船上隔離。

　　據說當時「海之家」的所謂治療其實很原始，譬如只讓病人服用12安士的白蘭地及用冰放在頭、手、腳降溫，結果，進了「海之家」的病人大多有入無出，死亡告終。

　　至於疫情最嚴重的太平山街一帶，殖民地政府出動《緊急物業收回條例》，將當地華人聚居的384棟房屋全部拆毀，把7 000名居民強制遷出，引起華人極度不滿。後來政府把強拆的太平山街一帶建成香港第一個公共公園，以當時港督卜力命名，是為「卜公花園」，旁邊還起了個小小的「細菌學檢驗所」，至1995年改建成今日的香港醫學博物館。

說了一大堆歷史，是要證實，古往今來，處理疫情，從來都是要用雷霆手段，慈母不得。

　　抗疫快一年，政府一直進退失據、優柔寡斷，既不肯仿效今日內地有效的封城強檢政策，又不願回顧歷史看看你們最崇拜的英國人是怎樣抗疫，還不斷重蹈錯誤覆轍，難怪社會怨聲載道，民怨已沸騰到一個臨界點。

　　昨天，政府又宣佈一個全城鬧爆的「中招得 5 000」策略，高官們如果你們肯用用腦、肯讀讀書，就知道這是極不可行的敗政。

　　當年鼠疫，港督卜力為了杜絕鼠患，發起滅鼠運動，他想出一條「屎橋」，就是懸賞收購老鼠。市民只要捉到老鼠，政府就會以每隻兩仙「回收」。結果，有人從外地捉來老鼠去領賞，有人在家養鼠，待到生下一大窩才去領賞……結果老鼠不但打之不盡，還把外地的病毒帶入香港，卜力始知此計不通，立即取消政策。

　　當然，我不相信今日有人會故意染疫去拿政府那 5 000 元，問題是，搞這麼多蠢計劣謀，為甚麼就是沒有來一次封城強檢的氣魄？狠狠封城禁足 2 星期，然後以小區為單位進行強制檢測，製成大數據庫，配以健康碼，讓生活重回正軌。

　　有人說，封城代價很大，我反問：大得過全香港這一年的集體慢性自殺？

（原刊於 2020 年 11 月 23 日）

韓國汽油彈消失的秘密

特首選戰的戰鼓響起了，無論誰當特首，解決年輕人問題是重中之重。要找尋良方，我都建議他／她先看一齣韓國電影《上流寄生族》。這電影，去年囊括了奧斯卡「最佳影片」、「最佳國際影片」、「最佳導演」、「最佳原創劇本」4 個大獎。

電影的看點，不只點出貧富懸殊，重點是，電影導演奉俊昊是 80 年代在街頭掟過汽油彈的大學生。

想像一下，今日黑暴場上那個打警察的蒙面人，30 年後，竟然站在奧斯卡舞台上奪取最高殊榮。於是，大家會問：這 30 年，奉俊昊幹過甚麼？韓國政府做過甚麼？

經歷過的人會記得，80 年代看電視新聞，南韓的畫面天天都是大學生上街掟汽油彈，那個時代，全世界湧現反威權浪潮，東歐、南韓也不例外。

當年韓國大學生以最激烈的方式抗議，打砸、燒車、衝擊、自焚。1987 年，延世大學學生李韓烈遭警察催淚彈擊中後腦，一個月後不治。

李韓烈的死，對延世大學的學生影響很大，當時奉俊昊唸的就是延世大學，他憶述：「很多學生，不只我一個，全部都參與抗爭，並成為日常生活的一部分。我們會上 3 個鐘課，然後去示威 2 個鐘。吃頓飯，再示威，然後再回去讀書。」

他們會向警方及軍人掟石頭及汽油彈，奉俊昊和其他學運同伴，甚至自製一種叫「人道主義式的莫洛托夫雞尾酒」，即是用清水混天拿水製作出易燃、但殺傷力比汽油彈低的武器。

是不是有點像當日黑暴的年輕人？我們要觀摩學習的，是南

韓政府怎樣把年輕人從「吃完飯去掟汽油彈」的日常中拉回來，重踏正軌？

據說，韓國政府在暴亂後，在各城市興建演藝學校，讓年輕人在那裏各展所長，有唱歌的、有演戲的、有寫劇本的、有做導演的、有化妝的……幾十年後，韓國再沒有汽油彈，年輕人都以韓星、韓劇、韓風出現，甚至成為世界潮流。

今日香港的中學一直推行「一生一體藝」，即是說，每個學生都專項學一種運動、一項樂器或藝術，但政府可有想過，學成之後，有沒有平台、有沒有頻道讓年輕人表演所學？

孩子需要是認同的掌聲，年輕人要的是表演平台，如果社會上有足夠多的舞台讓他們發光發熱，政治，絕對不會成為他們的選項，金像獎導演奉俊昊就是最好的例證。

（原刊於 2021 年 5 月 15 日）

不能安居，就能永遠躁動

問一個問題：要社會穩定，首要條件是甚麼？

法治？廉潔？民主？安全？……不同人，有不同答案。如果問我，會答：安居。能安居，工作唸書幾不如意，都有個避風港安樂窩，讓你哭讓你笑。

牽絆香港這些年的，其實是安居問題。只要讓老百姓不能安居，社會就會不斷有躁動的怨氣，人心不穩，要破壞，就易如反掌。

香港的房屋問題，不單是買不買到樓的問題，是居住素質問題。一家四口擠在租來的劏房，跟兩口子傾盡積蓄再向銀行借貸買一間 200 呎納米樓，他們的憤恨，是一樣的。

為甚麼新加坡人住在政府組屋（類似香港公屋）都這麼快樂？因為人家的組屋平均都有 800 至 1 000 呎，回到家，有自己的空間，活得有素質。

香港的房子，愈建愈小，有些樓盤更以納米為賣點，發展商建得出，政府又批得出，幾百萬買一間籠屋大小的房子，為供樓還要節衣縮食半輩子，每天回家望着四壁一肚氣。

香港的矛盾，早說過是源於土地問題、房屋問題，於是政府於 2018 年搞了個土地供應專責小組，找來各界高手，包括規劃、工程、建築、測量、環境、學術等代表，集思廣益，並展開為期 5 個月的「土地大辯論」，花了庫房 1 722 萬，單是宣傳就用了 700 萬，還用了 112 萬出版公眾諮詢刊物及印製最終報告。

當中最龐大有兩項開支，一是以 486 萬聘請「世聯顧問有限公司」擔任公眾參與總監，另一筆是以 355 萬聘請「科域盈創（香港）有限公司」負責製作電視、電台及跨媒體宣傳工作。

這兩間賺到笑的公司很特別，前者「世聯顧問」的行政總裁麥黃小珍是林鄭月娥選特首時的公關，其中一名董事盧子健在 2019 年黑暴期間曾發表一篇叫〈警暴背後的陰謀〉的文章，直言「很多人都覺得香港瘋了，其實香港沒有瘋，瘋了的是警察。他們被逼瘋了，是被誰逼瘋？不是示威者。警察是被政權逼瘋，或者是被政權內想奪權爭利的勢力逼瘋……」然而，這個逼瘋人的政權，剛剛送他 486 萬生意。

　　另一家「科域盈創」，也是搞公關的，主事人之一就是林鄭月娥競選特首時的對手曾俊華的「軍師」、前財爺政治助理羅永聰。黑暴期間，這位前官員卻高調拍了張上街照片揚言「反暴政」，同樣地，他也是剛剛賺了這「暴政」355 萬顧問費。

　　花錢不要緊，花錢送黃絲都不要緊，如果做到事、為香港土地房屋問題找到出路，也是功德。但，諮詢完了、報告交了，然後……對不起，沒有然後。

　　我相信，許多人已忘了社會上曾經風風火火的土地大辯論，1 722 萬寫成的報告，哪裏去了？有執行嗎？有解決問題嗎？

　　黑暴加疫情，樓價沒跌過，大家都說，有問題，到底，是房子有問題？還是人有問題？

（原刊於 2021 年 5 月 5 日）

好心人被雷劈得多，是會心死的

謝霆鋒的《十二道鋒味》講經典中菜「菠蘿咕嚕肉」時，他這樣說：要做好的咕嚕肉，一定要有「最優質的肉、最極致的酸、最濃郁的甜、最純淨的水」。為了找那「最濃郁的甜」，謝霆鋒和攝製隊驅車 200 公里，到廣東中山現摘著名的神灣菠蘿來入餡。

我第一次吃這神灣菠蘿，是在內地一個路邊攤，拳頭般大小，香甜、無渣，吃一口，魂牽夢繞，這菠蘿，2016 年獲批為國家地理標誌產品。

提這神灣菠蘿，是要讓大家知道，我們國家並非沒生產菠蘿的，而且質量好得很。

所以，當我看到新聞說，內地禁售的台灣菠蘿，原來佔台灣鳳梨出口市場 95% 時，我就深信，這鳳梨貿易，其實是內地扶助台灣農業的行為，大陸地大物博，有甚麼種不出來？不入口台灣鳳梨，內地人就沒菠蘿吃嗎？

或者，我先解構一下這兩岸的鳳梨事件到底是甚麼一回事。

我們叫的菠蘿，台灣人都叫鳳梨，大概 10 年前，台灣透過小三通方式將鳳梨賣進內地。2012 年，內地海關因驗出菲律賓進口香蕉和菠蘿有害蟲，停止入口。當時兩岸關係良好，台灣鳳梨便趁此機會大量進佔內地市場。至 2019 年，台灣鳳梨每年輸入內地 4 萬多噸，佔鳳梨外銷量的 97%。

2020 年，內地海關 13 次在台灣進口的鳳梨中驗出三種生物害蟲「蚧殼蟲」，其中一品種更是內地從未有過的。瘟疫肆虐的世代，為防範植物疫情風險，內地海關總署宣佈：自 2021 年 3 月 1 日起暫停輸入台灣菠蘿。

當然，經濟從來都跟政治氣候掛鈎，蔡英文上場後一直向國家叫陣，反正你產品有問題，放棄台灣市場，也是正常反應。前民進黨代表林正傑道出重點：「台灣一直把大陸當敵人，憑甚麼要求大陸對我們友善？」

內地買台灣貨品，你說統戰；不買，又說打壓。台灣人，你們到底想點？

其實不只鳳梨，台灣還有許多高價水果，如蓬霧、芒果、釋迦，九成出口都是輸往內地。但內地水果呢？能進台灣嗎？翻翻資料，台灣單是對內地農產品的禁運就有 600 多項，包括鳳梨。原來，全世界菠蘿都可進台灣，惟獨內地菠蘿禁止進口，你說，誰不講理？

還有，因澳洲檢疫嚴格，故台灣出口到澳洲的鳳梨，全部燻蒸 2 小時殺滅害蟲，輸入內地的鳳梨有這樣做嗎？

早前有綠營人士說：「台灣進口的瘦肉精豬肉，可做成肉鬆，賣給大陸」。去年內地爆發新冠肺炎，台灣行政院院長蘇貞昌更狂言：「一片口罩都不賣給大陸！」

好心人被雷劈多了，還不心死？

最近，內地頻頻宣傳廣東一個叫「徐聞」的地方，這裏有 35 萬畝菠蘿種植場，年產菠蘿 70 萬噸。其實就是要曲線告訴你：鳳梨並非台灣獨有。

有些機會，錯過了，就回不了頭。鳳梨的教訓，是給香港人最好的前車，原來，容忍是有限度的，對你好也是有底線的。

（原刊於 2021 年 3 月 8 日）

屁孩挑戰大巨人

愈來愈覺得，反對派像一個扮黑社會的屁孩，天天來到巨人面前挑釁：「打我吖，打我吖！」「有種就動手，廢物、廢物！」

巨人不跟蝦毛計較，更不想傷及無辜，一直忍氣吞聲。

2003 年政府推行 23 條立法，反對派慫恿市民上街，號稱「收嘅」50 萬，中央忍你。2014 年，人大常委通過普選「831 方案」，反對派發起違法佔中，堵路 79 日，中央再忍。2019 年，反對派借反逃犯條例發動全城打砸燒暴動，百姓苦不堪言，中央是可忍孰不可忍。

由一忍再忍，到忍無可忍，到不能再忍，這中間，巨人足足忍你 17 年，這忍耐，不是怕你，是量度、是氣度、是顧全大局、是國家對香港的疼愛。

然而，忍一步沒有風平浪靜，退一步更無海闊天空，換來的，反而是屁孩的得寸進尺和變本加厲。

於是，巨人憤怒了。

很多事情，中央根本不想管，但反對派天天來挑動，年年月月擺擂台，那就是自己申請被修理。喊了一萬次「打我吖笨」，巨人第一萬零一次就會動真格。中央出手不會跟屁孩扭打糾纏，他們會一招 KO、一劍封喉，一出手就解決問題，《國安法》就是一個好例子，這幾天看反對派頭目一個個進入法院時如喪家犬，正好說明，玩火的下場。

還有那 BNO，回歸 24 年，你幾時聽過中央提起 BNO 三個英文字？中國國籍法規定，國民擁有雙重國籍是違法的，但中央多次修改憲法，從沒用這點來動過香港人的多重國籍，那種包

容，卻無人珍惜。

　　屁孩更連同英美國家玩制裁、玩移民，好，要走的，隨他去吧，江山還在，太陽如常升起，中國人最不怕就是制裁，當年「六四」全世界制裁，結果制裁成今日輝煌。

　　移民的人注定要後悔了，對待一個棄你而去的戀人，活得比你好就是給背棄者最好的懲罰。

（原刊於 2021 年 3 月 2 日）

小郵差‧大力量

香港有份報紙叫《大紀元》，從前在街頭免費派發的，派了18年，自2019年4月1日開始，這報紙不再隨街派，而是登堂入了室，在全港7-11便利店及各大報攤售賣，每份8元。

人人皆說辦報是夕陽行業，但這份報紙卻反其道而行，由免費轉為收費，記者甚至正式拿着「咪牌」出入大小記者會。更奇怪是，這麼多年來，無論身邊親友或者酒樓茶客，我從未見過有人看這份《大紀元》，那到底這報紙為甚麼能成為報業的逆市奇葩？

先簡單講解，《大紀元時報》是一家總部設在美國的多語種報紙和媒體，此報由法輪功創辦，旗下還有網站、《明慧週報》和《新唐人電視台》。看完，大家應該會說句：「啊，明白了！」

1999年7月20日，國家正式將法輪功定性為邪教，指其危害國家安全和社會安定，並把法輪大法研究會定性為非法組織，全面取締。

然而，回歸後的香港卻非常「一國兩制」，沒跟隨國策取締法輪功，反而讓它長年累月在街頭固定宣傳，掛 banner、擺展板、建宣傳站、設表演台、派免費報、搞大遊行。食環署22年來從不驅趕，直至今日，他們辦的報紙甚至可以出席政府的新聞發佈會。

法輪功的力量，在2019年黑暴完全顯現出來了。那種文宣、那種陰謀論、那種散播謠言手法、那種販賣對國家的仇恨，跟法輪功22年來所做的，同出一轍。奇怪地，這份法輪功報紙《大紀元》，竟巧合地在2019年黑暴發生前，逆市成為全港便利店有售

的收費報。

有一種文宣，不一定入你屋、進你眼，只要 22 年來在城市裏掩掩映映，讓你任何時間走到哪裏都看到，那就是最成功的洗腦，這方面，法輪功做到了。當然，這成功，還要有不作為的政府部門配合才能成事。

最近，看到一則加拿大備受關注的新聞，新聞主角讓我們的官員汗顏，可惜香港幾乎無人報導。

原來，加拿大郵政公司一名拉丁裔郵遞員拉米羅（Ramiro Sepulveda）因拒絕在他負責的路段派送《大紀元時報》，被停薪停職處分，引起當地媒體關注。

拉米羅接受記者訪問時說：「看到這報紙的頭條新聞後，覺得太荒謬了！那是一份具破壞性的報紙，這些宣揚仇恨的宣傳品，會對讀到的人產生負面和分化影響……我不會投遞，這違背了我所相信的一切。」

跟拉米羅一起工作的華裔同事蘇林影，為了聲援拉米羅的行為，也在她負責派送的區域拒絕投遞《大紀元》，結果也被罰無薪停職 3 天。蘇林影說：「這不僅涉及加拿大華裔，還涉及所有加拿大亞裔，對加拿大華裔的非理性歧視，會轉變成對所有加拿大亞裔的歧視。」

一個小小送信員尚且願意在自己力所能及的地方阻止仇恨散播，我們偌大一個政府這麼多部門、這麼多法例，竟可以對法輪功 22 年來在香港的肆虐視若無睹、束手無策？非不能也，實不為也。

（原刊於 2021 年 2 月 26 日）

新十二「門逃」BNO 闖關失敗記

說一個真實故事，不是網上謠傳，而是英倫朋友的親身經歷……

近月，「黃色 gossip 圈」內移民潮傳得沸沸揚揚，有人賣樓捲蓆趕飛機，義無反顧飛往疫情嚴重的大英帝國去。

那回赴英的飛機上，有一家 12 口的 A 君，12 人中不單有高齡父母及三個幼小子女，還有姨媽姨丈表姐表妹表姐夫，最難得是整個家族都同聲同氣黃毒上腦，他們說，自己不是移民，而是走難。

他們坐卡塔爾航空在多哈轉機再抵英倫，如同所有旅英黃人一樣，不是在機場打個卡，就是上載一張蓋了入境印的護照相片，以示成功「抵壘」。A 君當然也不例外，但他卻無知地選擇在移民局排隊的人龍中拍打卡照。

跑過外國的人都知道，關口是拍攝禁地，全世界如是，拍得到是你夠運，被發現絕對是犯法。而 A 君這天在倫敦希斯羅機場，就不幸地被逮個正着。

黃絲在香港惡慣，關員要 A 君交出手機，A 君盡顯黃人風範，誓不屈服，一時說自己英文不好，一時說他有拍照自由，還打算鼓動其他排隊中的香港人一齊起哄，大叫光復呀、時代呀，可惜，眾人各顧各，睬你都傻。

國際標準是，你惡嗎？好，全部拉進黑房，看你惡得幾耐。於是，鬧事的 A 君連同他大大小小老老嫩嫩的一行 12 人，全被逮進房間問話。

房間內，A 君看到一位穿制服的華籍官員，第一反應竟是：

「呢個黑警唔知點解可以走嚟英國執法」。

其實，這位官員隸屬英國內政部（類似香港保安局），是個英國出生的華人，當過兵做過海軍陸戰隊，所以滿手紋身，一臉鬍子，非常健碩。吵鬧中的 A 君鬼上身地認定他是香港警察，於是粗言大罵「黑警」，事後他在臉書形容當時狀況：「我話我要見佢上司，個克景（黑警）膊頭有三粒花，佢話佢自己最高級，態度極度囂張……」。

畢竟倫敦不是香港，那退役軍人亦不是香港警察，可以想像，A 君的下場。

結果，因為一張打卡照，A 君一家 12 口，全部被拒入境，還要在機場原地被拘留一夜，等待翌日搭乘另一班飛機離開英國。

A 君形容那拘留室：「入面環境非常差，有好多南亞人同黑人，相信是難民，極度恐怖。我哋雖然係走難，但我哋係被政治迫害唔係窮……我表姐提出可否安排住另一間房，我哋可以支付費用，個克景（黑警）就好惡咁講：『你當呢度酒店呀？』結果我哋就要在這難民集中營過了一夜。」而 12 人的護照還被蓋上：「2 年不得進英國境」的印章，這個獨特蓋印，才真的要打打卡。

事件還有後續，A 君回港後心生不忿，找到當日該名華籍官員的照片，起了底，還用他的照片在網上開個賬戶批鬥他。當然這一切，都已紀錄在該華籍官員及英使館的眼底下，相信不只 2 年，此 12 人應該一世都入不了英國境。

這個 BNO 抵壘失敗的新 12「鬥逃」故事教訓大家，香港真是自由福地，一離開，你們就會嚐透真正的國際標準。

（原刊於 2021 年 2 月 22 日）

如果，漂着二千具浮屍的是黃河……

印度媒體報導，近日恆河發現有逾 2 000 具屍體在河畔漂流，相信是新冠肺炎的死者家人因等不及或支付不了火化費，而把屍首直接丟進恆河水葬。

印度人習慣死後火化，他們對火化儀式很重視。因為印度教的信仰認為，人死後必須在 24 小時內進行火化，死者才能得到救贖和解脫，然後輪迴轉世。

火化儀式是先堆好柴堆和遺體，唸祈禱詞，再由死者的近親點火，待木堆和遺體燒完，工作人員會收集骨灰，交給家屬，儀式才算完結。

今日印度官方數字是染疫身亡人數已逾 28 萬，在這樣的惡劣狀況下，如常辦一場喪事已是不可能的事，更何況人死得太多，木材已不敷應用。火葬場負責人說，每燒一具遺體大概需要 300 公斤木材，現在印度不單缺氧氣，還缺木頭，加上在火葬場火化一具屍體要 28 美金（約 210 港元），貧民窟的死者家屬根本付不起這費用，惟有將屍體丟落恆河，於是才出現 2 000 屍首漂浮的慘況。

這些新聞，沒太多媒體報導，國際輿論更無大肆鞭撻。印度疫情之嚴峻、印度老百姓之慘況，只是大家手機互傳的訊息。對證據確鑿、有圖有片有真相的印度災情，沒有英美的國會議員對印度政府失治提出譴責動議；但對子虛烏有的新疆問題，大家反而樂此不疲地炒作再炒作。

我在想，如果，這次漂着 2 000 具浮屍的不是恆河，而是黃河，大家想像，世界輿論將一面倒到甚麼地步？

西方對中國有着一種超乎現實的道德潔癖，別說死一個人那麼嚴重，香港以嚴謹的司法程序判幾個罪犯入獄，他們都可以說成天塌下來，香港陸沉，更何況新疆那些虛假的種族滅絕謊言了。

反之，美國佛系抗疫導致 60 多萬人死亡，印度至少死了 28 萬老百姓，整個歐洲已死過百萬人，但西方輿論卻視而不見，從不鞭撻，原因很簡單，因為印度是民主大國，是英美的同路人。

還有，近日以色列和巴勒斯坦的炮火，已令無數平民失去生命、失去至親、失去家園，但美國政府卻說「支持以色列的絕對自衛權」。

近年看得太多西方嚴人寬己的雙重標準，開始明白中東人。過去，我們一見到中東人，總不期然想起恐怖分子，那是西方非常成功的洗腦。今天西方輿論天天抹黑中國，如果我們再不在世界取回話語權，假以時日，人們說起中國人會想起甚麼惡魔？實在不敢想像。

（原刊於 2021 年 5 月 21 日）

英國人眼中的蝗蟲

幾年前，我去英國探望在諾定咸唸書的大女兒，那時候，孩子寄住在一家四口的英國人家庭。

父親是典型英式大胖子，做地產生意；母親是女兒學校的職員，人很隨和。他們育有兩女，一個在諾定咸大學唸音樂，一個在澳洲留學；夏天，他們一家會去意大利、法國或者澳洲度假……說這麼多，是要告訴大家，這家英國人不是「盲毛」，是受過教育的中產。

那次探訪，他們像所有英國人一樣，在花園旁的小飯廳準備了英式下午茶，彼此閒話家常。說着說着，他倆竟然問了句：「你為甚麼會說英語？」

「香港以前是英國殖民地啊，在我們唸書時都要學英語的……」我解釋。

兩個英國人像發現新大陸，問這問那，我這才發現，他們眼中，根本就不會有「香港人」這人種，他們覺得，Chinese 通常不會英語，而眼前這個人，就是 Chinese。甚麼英國殖民地？英國教科書沒有教，平日如果不太留意新聞就更不會知香港在哪裏。他們會告訴鄰居「我家住了個 Chinese student」，因為英文字典根本就沒有 Hongkonger 這個字。

再重申，他們都是受過教育的中產，尚且如此。

所以，我們鬧得熱烘烘的 BNO 問題，對英國人來說，根本就不會是新聞，他們天天在擔心脫歐後的世界，哪有空閒看遠在亞洲一個小角落的故事。直至有一天，當他們發現，滿街都是這種跟他們搶工作的人，還搶貴房價、搶醫療福利……「香港人」

三個字，將成為英國人眼中的蝗蟲。

女兒曾在英國唸書 3 年，看到近日好多黃絲急着拿 BNO 移居英國的新聞，最有感觸：「去到外國，嘩，建築物古色古香好靚呀，下午茶 High tea 好優雅呀，下大雪砌雪人好開心呀……然後，一個月、兩個月、三個月，你就會厭倦，你就會想飲茶食腸粉蝦餃乾炒牛河。你以為識講英文人家就會當你英國人嗎？香港好多印巴人廣東話都講得好好，但大家會視他們為香港人嗎？」

是的，黃絲們連中國臉孔的內地人都接受不了，設身處地想想，英國人會視你如夥伴、視你為同類嗎？當他們發現生活受影響了，這些拿着 BNO 去英國申請移民的香港人，將成為英國人眼中的蝗禍。

（原刊於 2021 年 2 月 3 日）

高帽帶來的災禍

日前，建制網紅冼師傅（冼國林）出了兩集嚴厲批評特首林鄭月娥的節目，掀起了洶湧波濤，在藍營出現了兩極意見。

有人說，支持特首，就是支持中央，建制不要內訌，不要被分化，人無完人，政府有做得不好的地方，但我們不應一味批評，罵林鄭就是跌落反對派圈套，中央的棋盤有很多我們小市民看不到的後着⋯⋯

我先申明，我同意冼師傅，但我不同意大家說：冼師傅罵林鄭。罵，是沒建設性的，有興趣的讀者不妨翻看節目，冼師傅罵人從來都有後着，就是罵完再教你怎樣做，用古代術語，是進諫。

建制派常說，反對派對國家對共產黨的認識只停留在七、八年代，有時覺得，建制派何嘗不如是。他們對中央那種猜度上意，那種報喜不報憂，那種不能批評當權者的心態，仍很七、八十年代。

有位人大代表朋友告訴我，第一次上京開會，人大官員培訓他們時說，希望你們這些新丁審理政府工作時不要只講好話，再多提意見，反對意見更好，但要講理由，不能謾罵，並提建設性建議，如果對部門的答覆不滿意就直說不滿意。

因為，共產黨已嚐過高帽帶來的災禍，只歌頌不進諫的日子早過了，共產黨其實是一個接受批評的黨，對善意的批評它都能聽能改。反而，香港的建制派仍停留在舊思維，只做 yes man，批評特首政府，彷彿十惡不赦；對反對派就一味謾罵，而不去欣賞研究一下，為甚麼人家會贏你九條街？

我曾在《壹傳媒》工作，師承肥佬黎，老實說，他很多處事

方法是值得學習的。舉個例，《壹週刊》每週有個「鋤書會」，就是黎智英在報界創的先河。

週刊每週出一次，肥佬黎就在每週出書的那個下午，召齊全公司所有部門主管一起開會，除了編輯部，還有打字主管、校對主管、攝影主管、美工主管、廣告部主管、市場部主管、會計部主管……對當期週刊，以一個讀者的角度發表意見，基本上是批評及建議，讚美的不用說。

批鬥大會的目的，不是要整死誰，而是希望改進，而且是快速地改進，下一期就要改。於是，隨時一個打字阿姐都可以在你的文章中揪出錯處，把你的專業批評得一文不值，當然這種以讀者為主導的編輯方向也帶出另一個問題，但當權主管從此變得謙卑、變得習慣聽意見卻是不爭事實。

相反，建制幾十年來習慣俾面，習慣客氣，十級衰頂多講到三級，三級衰說成「算係咁㗎喇」，這樣怎會進步？怎能知錯？每個阿媽都會鬧仔，難道鬧仔就是想害死個仔？須知道捧讚才是最大禍害。

拍手易，批評難，有建設性的批評就更難，支持跟盲從只是一線之間，我支持中央、支持政府，但我不盲從敗政。

（原刊於 2020 年 9 月 22 日）

積非成是的異獸

古希臘神話中，有一頭混種怪獸叫「奇美拉」（Chimera）。牠的頭是獅子、身是羊、尾卻是蛇。牠脾氣非常暴躁，還會噴火，是希臘神話中一種幻想出來的混種神獸。

神話裏的神物，通常是有所比喻，譬如中國神話中的麒麟，是代表祥和、仁厚；而西方的「奇美拉」，則代表一切不真實的幻覺。

所以，去年 10 月，西班牙最高法院對 9 個鼓吹「加泰羅尼亞」獨立的頭領定罪時，就借用「奇美拉」這頭神獸來下判詞：

「被告們明知公投建國是不可能的幻想，卻不斷用錯誤的資訊、不切實際的法理邏輯，向一般民眾堆疊出『獨立幻想』──他們的行為與目的，就是為了塑造一頭積非成是的『奇美拉』，試圖用謊言來煽動人心，用謊言來走入絕境。」

香港人看了這段判詞，會否覺得非常共鳴？對的，近年的亂局，我想大家已說過很多類似的話，反對派一直就是用謊言來煽惑人心，把香港推入絕境。

今天，港區《國安法》來臨了，反對派又抬出那些幻想的恐懼來為香港人製造一個虛假的「奇美拉」。為拆解謊言，我們就用「加泰」的真實經歷來破解這幻覺。

因為足球，我們認識世界聞名的「巴塞」球隊；因為球會主場館是全世界最大的足球場，我們認識一個地方叫「巴塞隆拿」。又因為，3 年前那次要脫離西班牙的獨立公投，我們再認識「巴塞隆那」所位處的區域，原來叫「加泰羅尼亞」。

「加泰」是西班牙東北部一個自治區，首府是「巴塞隆拿」，這裏有自己的語言「加泰」語，與西班牙語屬同一語系；有自己

的地區最高領導人，由當地議會選舉產生。「加泰」因為靠海，經濟文化發展都比西班牙其他城市發達。「加泰」人口佔西班牙全國十分一，但繳的稅卻超過全國總稅收 20%；這種差異，造就了「加泰」人的不平衡情緒，他們經常抱怨：「西班牙都是我們養的」，故「加泰」人一直想獨立。

2017 年，「加泰」進行了獨立公投，這次投票率有 43%，超過九成選票贊成獨立。於是「加泰」議會於 10 月 27 日宣佈成立「加泰羅尼亞共和國」，從此獨立於西班牙。

此決議宣佈後半小時，西班牙政府立即啟動緊急機制，解散「加泰」議會，由西班牙中央政府全面接管「加泰」，獨派首領全部被捕（除了 1 人逃脫到比利時），其餘 9 名獨立領袖被送到西班牙最高法院受審，最後被判以 9 至 13 年監禁。

這些犯了叛國罪的人，不是在「加泰」法院審，而是被送到西班牙法庭受審：法庭沒有用陪審團、7 位法官都不是來自「加泰」，罪犯判了監也不是回「加泰」服刑，而是住在西班牙監牢。

所以，當香港反對派說《國安法》的案件不能回內地審、不能由內地法官審、不能回內地服刑、不能這、不能那的時候，我想請反對派看完「加泰」例子，再答多次。

（原刊於 2020 年 6 月 22 日）

師父被滅聲，徒弟被點穴

這幾天，黃絲靜得有點詭異……

平日，官方反駁一下他們言論、別人發封警告信或律師信，黃絲就會聲大夾惡說：你打壓我言論自由！

然而，今天他們的師父特朗普被滅聲了，黃絲卻如一潭死水，無聲無息。

美國時間 1 月 6 日，華盛頓發生了轟動全球的衝擊國會風波，特朗普支持者闖進國會大樓搗亂，導致 1 名警員殉職、4 名暴徒死亡、90 多人被捕。

事發後半日，特朗普的 Twitter 賬戶忽然被封，原因是他發了不準確及煽動性（inaccurate and inflammatory post）的帖文。2 日後，Twitter 更宣佈永久終止他的賬戶，即使他以總統辦公室賬戶再留言，也立即被刪除。同日，Facebook 創辦人朱克伯格亦下令封鎖特朗普 FB 及 IG 的社交平台賬戶。

即是說，這個美國最高權力者，2 日之內失掉所有發聲平台，以後他只能選擇微信、微博或 TikTok 了。

這個號稱全世界最民主自由的國家，現任總統竟完全沒有言論自由，香港的黃絲黑暴反對派，你們會否覺得自己幸福得太過分？暴動一整年，沒人封你社交平台，沒人阻你貼連儂牆，自由滿瀉的你們，今天好歹也該去美國領事館表個態：抗議美國打壓總統言論自由！

要抗議的，還有美國的「黑警」。

那位手無寸鐵的女示威者，你們想都不用想，就一槍往她頸裏開，為甚麼不向天開槍？為甚麼不打手打腳？為甚麼行刑式瞄

着頭來轟？開槍前有沒有舉旗？有沒有 3 次警告？有沒有出示委任證？警察制服上有沒有顯示編號？事後有沒有獨立調查委員會？……有片段清楚拍攝到女示威者怎樣被國會警察一槍斃命，反對派卻一句「黑警」都不敢罵。

還有，西弗吉尼亞州州議員埃文斯因直播騷亂被檢控，他的辯解是：我只是以記者身份記錄此事。咦，香港記協怎麼你們不譴責美國司法部政治檢控？當日香港幾多議員、學生、街坊、無謂人，甚至 12 歲細路拿着相機扮記者，記協你們都出手包庇高叫新聞自由，今天，這美國議員因記錄暴亂被控，怎麼你們竟鴉雀無聲？

有人認為美國國會騷亂與香港立法會暴亂性質不同不能類比，是的，香港暴徒跟美國暴徒確實無得比，至少人家沒蒙臉包頭，個個有樣睇，單是這份見光的勇氣就贏你。

那個闖進眾議院院長佩洛西辦公室、並坐在大班椅上拍照的暴徒巴尼特，事後更主動向警方自首，對比香港那些敢做不敢認、被捕又賴打壓的黃絲、黑暴、反對派，真是連做暴徒都比人家窩囊。

看完美國政府如何鎮壓國會暴亂，反對派不單被點了啞穴，還選擇性失明，聽唔到、睇唔到、不知所措。我倒有點反建議，畢竟丟了人命，你們以後就把太子靈堂搬到花園道，每個月 6 號，齊齊轉往美國領事館開壇拜祭吧！

（原刊於 2021 年 1 月 10 日）

第二章

從未見過如此
支離破碎的世界

一塊巧克力改變一生

壹傳媒集團創辦人黎智英就涉違反香港《國安法》及詐騙案的保釋問題，昨日在終審法院被撤銷保釋，黎智英須在獄中過年，其妻女聞判後相擁而泣。

好多人都奇怪，好好哋一個有錢佬，對國家哪來的恨？恨到要失掉自由都在所不惜？

那就要從他 7 歲說起⋯⋯

那年，正值內地三反五反，住在廣州的黎智英，父親去了香港，媽媽被送去勞改，2 個姐姐和哥哥在不同地方唸高中和大學，很少回家，家裏只剩下 7 歲的黎智英和他的孿生妹妹，還有一個智障姐姐。

鄰居最初見 3 個孩子可憐，輪流照料，天天送上飯菜，但長貧難顧，兩三個月後，再沒有人來幫忙，三姐弟開始自生自滅的日子。

作為家中當時唯一的男丁，7 歲的黎智英要想辦法存活，於是拿家裏的銅鐵變賣。收買佬好心，特別多給他錢，黎智英把錢拿去街市買了 5 斤米和最便宜的肥豬肉，用肥肉回家炸豬油，用家裏剩下唯一一罐豉油，3 個孩子就這樣一日兩餐豬油撈飯，又過了一段日子。

米吃完了，銅鐵也賣盡，黎智英開始偷，偷巷口鐵閘的銅鎖鐵鏈、偷鄰家的東西去變賣。偷東西的日子，黎智英成了派出所常客，附近一有人遺失東西，警察就去找黎智英。有日，他又被捉去派出所了，見慣他的警察勸告：你這樣偷竊度日不是辦法，不如我介紹你去擺賣吧。

之後，黎智英開始在戲院門口賣打火機、南乳花生等零食，因為是非法擺賣，常常「走鬼」，雖屬鋌而走險，但總好過偷東西。

　　因為想多賺錢，他調低價錢薄利多銷，卻引起其他小販不滿，把他圍毆一頓，並趕出小販圈。

　　合該有運，有個賣黑市的大嬸看在眼裏，覺得這小子可憐，把他帶到火車站認識那裏的大佬，從此黎智英就找到一份穩定小工，就是在火車站幫旅客搬行李掙小費。

　　有日，黎智英替一個香港來的旅客搬行李，這旅客沒賞他錢，卻給他一塊巧克力，窮小子未見過、未吃過，巧克力一進口，發覺這實在是天下美味，於是心想，這巧克力來自香港，香港一定是人間天堂，我一定要去香港！

　　後來，黎智英果真偷渡來港了。如果，沒那塊巧克力，黎智英的人生可能會不一樣，這故事，他經常講，也在自傳中寫過。

　　心理學家說，一個人的行為跟他的童年遭遇和原生家庭有很大關係，黎智英沒有童年，他認定這是國家欠他的。

　　我接觸很多跟黎智英有類似遭遇的老人家，他們卻愛國愛到不得了。有位前輩說得對：我都曾經有恨，但事過境遷，再看看今日脫胎換骨的中國，還恨甚麼呢？死抱着仇怨，只是懲罰自己，何必呢？

　　黎智英的仇怨，豈止懲罰自己，更害苦了香港人，摧毀了下一代。

（原刊於 2021 年 2 月 10 日）

給五十年後看歷史的人

持續一年的黑暴，在《國安法》降臨之日，到了終結時。日前看到反對派最新一輪搞事召喚，人少之外，力量也少，勇武沒了影，只剩下一班癡呆鈍喪，仍聽他們支笛，稍有點腦的，都躲起來了。

蓋棺，就要記史，歷史從來都是勝利者寫的，話語權，當然在當權者手上。然而，我卻不斷聽到，「社會事件」4 個字，政府、警方、媒體、商界、政界……似乎已有了共識，把黑暴期間發生的事統稱為「社會事件」。

到底大家怕甚麼？為甚麼對「暴動」二字如此忌諱？每天一睜開眼就不知哪條路可以行、哪個地鐵站被封的日子，會是社會事件嗎？美心集團、優品 360、中國銀行……被打砸燒了不知多少間，他們會認同這是社會事件嗎？路過舉手機拍張照就被打成血人的政見不同者，撫着未癒傷口，會覺得這是社會事件嗎？無端端被燒成火人的受害者，下半生將與疼痛為伴，會贊成這是社會事件嗎？

那絕對不是甚麼社會事件，那是徹頭徹尾一場暴動，正如 ISIS 等於恐怖活動一樣清楚直接。有位朋友說：「如果想不到怎形容，就直接用他們自己的說法：是革命！他們不是天天喊着『時代革命』嗎？連自己都承認搞革命了，我們還迴避甚麼？」

名不正則言不順，歷史的記述，不能模糊；董狐之筆，不能苟且。暴動，就是暴動。

《國安法》出台之後，黃絲黑暴轉戰地下，搞出很多小學雞行為，譬如把「光復香港，時代革命」的港獨口號轉為「光時」密碼，

又經常拋出質疑：「不叫口號，身上袋一張『光復香港』傳單又如何？拉我嗎？」

在美國街頭，如果被警察搜出身上藏有 ISIS 旗幟或標語，你以為警察會放行嗎？道理就是這麼簡單。

他們不斷設想這樣那樣的狀況，目的就是要營造一個社會氣氛：香港沒自由了，我們動輒得咎了，從此以言可以入罪，不言語都會入罪。

奇怪，卻從來沒有一個政府官員懂得直接 KO 問一句：「為甚麼你們總是在想方設法犯《國安法》？」正如法律書上有條殺人罪，你總不會天天問：「我斬他十刀後他在醫院躺了一個月才死，我算不算謀殺？」

當我們沒好好把過去一年的黑暴定性，仍含糊其辭地俾面叫「社會事件」，這種挑戰會繼續無日無之。50 年後讀歷史的人，看到那些沒有定案的美麗文宣，就真會以為 2019 年的香港，只發生了一宗漣漪般的社會事件。

（原刊於 2020 年 9 月 8 日）

從理不從眾

今天是 8 月 31 日，又是反對派跑出來刷存在感的日子。我常說要測試一個人的智商很容易，問一條問題已有分曉：你認為831 太子站有死人嗎？答「沒有」的，智商正常；答「有」的，智商肯定低於 60。

記得去年有張網傳照片，是一對年輕新人的結婚照，拍攝地點竟是太子站外的「831 虛擬靈堂」，穿上婚紗的新娘和新郎戴着防毒面罩執子之手，我想起，《帝女花・香夭》裏一曲名句：「再合巹交杯，墓穴作新房……」好明顯，這對新人是「831 死亡事件」的信徒。

愈來愈覺得，這場黑色風暴是一種邪教，否則難以解釋，為甚麼社會上大量有識之士都迷上黑暴，並以身試法。

心理學有個理論叫「從眾效應」，當圍在你身邊的人、甚至權威的議員學者醫生教師，都言之鑿鑿說 831 死了幾千人，地鐵列車是警察的運屍車時，要向眾人堅信的謠言說「不」，實在需要很大勇氣和理據。

我想起，日本著名指揮家小澤征爾的一個故事。

有次小澤去歐洲參加指揮大賽，在進入最後前三名決賽時，評委交給他一張樂譜，請他按譜指揮樂隊演奏。指揮途中，小澤征爾發現樂曲出現不和諧，最初以為是演奏家奏錯了，於是叫樂隊停下來重奏一次，結果仍是不自然。

這時，在場的權威人士鄭重聲明樂譜沒問題，是他的錯覺，希望他繼續。面對幾百名國際音樂權威，小澤不免對自己的判斷產生動搖。但是，他考慮再三，堅信自己判斷正確，鼓起勇氣

說：「不，肯定是樂譜錯了！」

話音剛落，評委立即向他報以熱烈掌聲，祝賀他大賽奪魁。原來，這是評委精心設計的「圈套」，以試探指揮家在眾人皆醉的情況下，能否仍堅持自己的判斷。

點破「國王新衣」的笑話，是一個童言無忌的小孩子，大人們明知是假，因為心存顧忌，都不敢揚聲。一年黑暴，就像國王的新衣，謊言走在大街，大家視若無睹，還火上加油。爆眼女、721、831、新屋嶺……整場暴亂，都是建基於一個又一個謊言，讓它越燒越旺的其中一個方法，就是不能讓真相呈現。

「從眾」路易走，人云亦云、人去我去，但苦果，大家已嚐透。香港要重新出發，需要更多小澤征爾，一點一滴，由身邊人做起，把謊言揭破。

早前，《大公報》曾把謠傳中的831「死者」一個一個找出來，個個生生猛猛活在人世。今天，《大公報》再用全版報導一名831的「死者」（網名韓寶生，真名王茂俊），原來他已「死而復生」，潛逃英國，並承認太子站沒死人。他接受網媒訪問澄清自己仍在世：「大家根本唔相信，只相信自己個劇本，認為我呢個角色必須要死……」

從前有位老前輩告訴我，新聞不單是傳播者，更是帶領者。移風易俗從來都困難，在漫天謊言中揭示真相更難上加難。但路難也要披荊走，我希望，「從理不從眾」將成為香港媒體今後最重要的使命。

（原刊於 2020 年 8 月 31 日）

賭神說：這裏是公海！

看得港產片多，無論警匪片還是賭神片，都常聽到這種對白：「放心，出了公海就沒事！」於是，小小心靈從此被電影電視對白誤導了，以為一出公海，就可以為所欲為。

話是這麼說，但老老實實，哪裏開始算是公海？哪裏屬香港水域，我們從來沒印象，大家今日只會用一個最簡單方法，就是拿出手機來測試，有訊號就是香港，沒訊號就應該到公海了。

事實真是這樣嗎？公海又是否無王管水域？

消息傳來，犯了《國安法》的李宇軒和另外 11 名干犯不同暴動罪的香港青年，在乘坐「大飛」經海路潛逃往台灣途中，被內地海警截獲，全部被捕。據知他們是從西貢布袋澳碼頭出發，船行至果洲羣島附近就被抓了。

看這新聞，我第一個反應是：都是沒好好讀書惹的禍，如果你們認真上上地理課，今天就不會闖大禍。

6 年前，我重拾課本去讀中國歷史，授課老師好特別，他每次上堂，第一張打出來的 Powerpoint，總是地圖。老師說，歷史跟地理是分不開的，要學歷史，先要弄懂地理，連自己身處位置和世界大局都不了解，就不能清晰地明白歷史行為。

打開中國地圖，找找我們的國界，你會發現，國界領域有條粗線框着，而陸路邊界線向南劃到廣西、向東劃到瀋陽，就停止了，國界變成一條跨海線路，裏面包含了台灣、東沙羣島、西沙羣島、南沙羣島等島嶼及海域。

因為所謂「國家領土」，除了土地，還包括領海、領空和底土（即地底和海底範圍）。根據《聯合國海洋法公約》，每個國家均

有權確定其領海的寬度，一般是國家羣島水域向外伸延 12 海里的海洋，都屬該國領海。

近年，曾發生多次美國導彈驅逐艦擅自進入西沙羣島領海，被中國軍艦和戰鬥機警告並驅逐的事件，如果，那裏不屬中國領海，你認為，美軍會走得這麼順攤嗎？

去年黑暴時期，國家民航局曾禁止參與過非法示威遊行的國泰空中服務員及機師飛越中國領空，當時有空姐說：我不飛大陸，我飛日本、台灣，你奈我何？誰知，原來飛機一離開跑道，全都是中國領空，國家民航局一招就把國泰問題解決了。

同領空的道理一樣，香港只是位處國家南邊的一個點，即是說，離開香港水域的所謂「公海」，其實就是中華人民共和國的海疆，那 12 個逃犯以為走海路着草去台灣可以避過法眼，卻因缺乏一個地理最基本的領海常識，墮入國家海警法網，成為自願送中的笑柄。

（原刊於 2020 年 8 月 28 日）

假面青年

由畢彼特主演的電影 *Fury*（《戰逆豪情》）裏有這樣一幕⋯⋯

身經百戰的美國陸軍上士 Don（畢彼特飾）要帶領盟軍的坦克隊以寡敵眾守住一個陣地，行進過程中，負責視察路況的二等兵 Norman，看到叢林中有 2 個持槍的德國孩子，心生善念沒舉槍射殺，結果，開路坦克中了伏，全身着火的坦克兵就這樣死在眼前。

Don 把 2 個伏擊他們的孩子兵殺掉後，捉着 Norman 的領口大罵：

「為甚麼不開槍？」

「他們只是孩子。」

「你看看，這就是孩子幹的好事！下次你再見到拿着武器的德國人，就算是一手拿着餐刀，一手拖着媽媽的手喝奶的嬰兒，也要把他打成肉醬！」

這就是戰爭，這就是身在戰場該有的心態，手慈心軟，死的不僅是自己，還會連累同袍。

香港的戰役，由反國教到佔中到黑暴，打了足足 8 年，香港人甚至當權者仍未有這種戰爭意識，尤其最近立法會一年空窗期的討論中，我們又再見到「溫和泛民」4 個字，咦，經歷了一整年殘酷黑暴，你覺得香港還有溫和的反對派嗎？

2012 年反國教的舞台，孕育了一批又一批小殺手，他們就像 *Fury* 那兩個小德軍，擎着槍露出天真臉孔，你未轉身他們已果斷地把你炸個粉身碎骨。

這天，看到手機羣組瘋傳周庭在寓所被捕的視頻，再讓我心

生這種寒慄。

被捕那夜，記者直播周庭被警察從寓所押出來的畫面，她一直把雙手不自然地放在身後，目的是讓全世界以為警察把她鎖上手鐐。如果不是上警車後刻意回眸上鏡時，伸手撥一撥頭髮露出了馬腳，大家都會被這女子的攻心計騙倒。

一個 23 歲年輕人，為誣衊警察，為搏取同情，竟一臉純真地藏着歹毒心腸，叫人心寒。

周庭這刻意的誣陷，早有師承。2016 年 5 月 19 日，黃之鋒帶領一班「眾志」成員在東隧出口欲攔截人大委員長張德江車隊時，被交通警拘捕，之後被押返鴨脷洲住所調查，當時的黃之鋒也是這樣，在沒被鎖上手鐐的情況下，把雙手放在身後互握，製造「警暴」假象。

這班孩子每一次出場、每一個笑臉、每一下動作，其實都是戲。背後有導演、有教練、有心理專家、有戰略高手。我覺得今天香港最恐怖的地方，就是在虛偽的政治下，孕育了一班假面青年，他們站在道德高地上是一個樣，離開鎂光燈又是另一個樣。

這一年我們見盡名校生、高材生在暴亂現場的兇狠相，執法者聽盡幾多來保釋的父母哭着說：「我個仔好乖架……」的悲鳴。香港今日的悲哀，是我們已分不清哪個孩子是魔鬼？哪個才是天使？

（原刊於 2020 年 8 月 12 日）

炒魷教師護航協會

　　做校長的朋友都說，今日香港教育制度下，要炒一個人好難。

　　有位直資小學校長，發現校內一老師整年沒改過簿、不備課、教學態度惡劣，同事已有怨言，家長更多次投訴，於是，校長跟足教育局程序，發一次、兩次、N 次警告，再搜集「罪證」，像查案的刑偵，最後，足足花了 3 年時間，才能成功把這失職老師解僱。

　　又有個津貼中學校長，因體育老師工作懶散、不負責任，已多番警告。誰知在一次課外活動中，一名學生突然休克，擁有急救證書的這位體育老師竟見死不救，結果那學生失救而亡。校長問：「全場只有你懂急救，看着自己的學生在眼前昏倒，怎能無動於衷一動不動？即使最後結果一樣，起碼你都應該努力拯救……」

　　但老師的辯解是：他不確定自己的急救牌是否過了期，如果落手「搓」，學生出了甚麼事，他可要孭鑊的！

　　一條生命在你眼前正在消逝，你想到的竟是自己會不會惹禍上身？這種人，絕不適宜當老師，於是校長決定，即時把他解僱。

　　炒了個老師，後患卻無窮。那教師找了教協出頭，教協幫忙聯絡傳媒力數校長不是，狠批學校無理解僱，還慫恿他跟學校對簿公堂，追討由被炒到退休前逾千萬的薪金損失，當然還有一條龍的網上抹黑醜化校長行動……

　　失德教師被炒了，但校長及學校也被拖進泥淖打了幾年泥漿摔角。

　　還有，2013 年在旺角當街以粗言辱罵警察的粗口老師林慧

思，因有教協撐腰，即使有齊失德證據，她任教的小學也炒她不得。結果，要待到她請了大半年病假不上學，又在網上拍片公然辱罵國家，聲言在學校「國歌我就打死都唔會唱」，「升國旗就當睇唔到」……這才算夠證據，給她警告再警告，最後，林老師也磨蹭到 2018 年才自動辭職，據說之後一直在同區當補習老師，繼續荼毒孩子。

回頭再看看昨天教育局的記者會，不過是除一個老師的牌，已成了驚天大新聞，看在場記者像揭發醜聞一樣針對着官員每一句話，看所有黃營的反彈像教育界發生了核爆，終於明白，香港做教師的鐵飯碗到底有多鐵。

司機超速太多被扣滿分都會被吊銷牌照，醫生失誤過多或者非禮病人也會有機會被除牌，做教師的憑甚麼炒不得？教協真的覺得每個被炒老師都是學校的錯、教育局的錯？還是因為教協這班都是被教育界唾棄的人？如曾在教育學院任教的葉建源，2006 年就被時任教統局常秘羅范椒芬點名要求學院把他解僱。

一個只會為炒魷老師打傘護航的工會，正常教師真的要好好想想，這個會員證還是否值得留來污辱你的教師身份？

（原刊於 2020 年 10 月 7 日）

從未見過如此支離破碎的世界

　　一直覺得，間諜故事離我們很遠，看占士邦電影、讀川島芳子歷史，會覺得津津有味，更覺得事不關己。間諜？怎會出現在這太平盛世？怎會植根在我們這片地球儀找都找不到的土地上？於是，我們對那些陰謀論、那些「外國勢力」之說，總是嗤之以鼻，大家想太多了吧？

　　荷李活有套經典電影《北非諜影》，它的故事發生地Casablanca 其實也是在一個地球儀上佔不上一吋地的小城市，它甚至不是國家摩洛哥的首都，但現實中的 Casablanca，卻又真是一個世界間諜集中地。

　　二戰時北非小國摩洛哥被法國侵佔，法國政府把 Casablanca 設為情報中心，許多國家的郵件都要在這裏中轉。當時法國情報機關在 Casablanca 買下大量加油站、汽車維修廠，也在機場組建了包括機師、空勤、地勤、貨運員、餐廳酒吧服務員、指揮塔工作人員等的間諜團隊，白天在加油站、在機場、在餐廳工作，換輪胎、修車、送貨、開車、駕飛機……晚上，就換上身份執行間諜任務，偷拆郵件、竊聽電話、收集情報、建立秘密電台、傳遞消息給總部。

　　香港人看多一點、聽多一點，尤其經歷了佔中、旺暴、反逃犯條例黑暴之後，大家可會感到，香港這東方小城，是不是有點像另一個 Casablanca？

　　聯想起這些間諜故事，源於一宗沒有太多人留意的國際新聞。

　　9 月 22 日，生於俄羅斯的美國戰地記者安德烈・伏爾切克

（Andre Vltchek）在土耳其突然死亡，他本來跟太太正從土耳其黑海沿海城市桑姆森開車去伊斯坦布爾旅行，途中，卻在租來的汽車上於睡夢中猝死。土耳其警方認為他的死因有可疑，調查仍在進行中。

大家可能覺得，一個美國記者在土耳其死亡，跟香港有甚麼關係？有的，這位突然死亡的記者，長期關注包括伊拉克、斯里蘭卡、波斯尼亞、盧旺達和敍利亞在內的數十個戰亂和衝突地區，曾多次撰文批評美國插手中國的新疆問題，他反對西方政權把西方模式強加給世界各國，去年黑暴期間，伏爾切克更曾來港採訪，之後寫了篇報導：〈I never saw a world so fragmented〉（我從沒見過如此支離破碎的世界）。

當中，伏爾切克這樣寫：

「在 2015 年和 2019 年，我試圖與香港暴徒坐下來理論，他們對西方在阿富汗、敍利亞或利比亞等地所犯下的罪行原來一無所知。當我試圖向他們解釋華盛頓推翻了多少個拉丁美洲民主國家時，他們認為我是一個瘋子。『善良、溫柔、民主』的西方怎麼會謀殺數百萬人，並在整個世界沐浴鮮血？那不是他們在大學裏所學的，也不是 BBC、CNN 所說的。

「在香港，被西方灌輸洗腦的暴徒被描繪成『民主抗爭者』，他們殘殺、焚燒、毆打平民，但他們仍然是西方人的最愛。因為他們與中華人民共和國（即華盛頓的最大敵人）對抗，更因為這些暴徒是西方創造和維持的。」

如果，香港就是當年的 Casablanca，看過伏爾切克說過的話和做過的事，你會對這位記者在土耳其的忽然死亡有點新想法嗎？

（原刊於 2020 年 9 月 25 日）

爆眼幫兇逐個捉

轟天動地的革命圖騰「爆眼女事件」終於真相大白了，有人拍得她雙眼無缺離開香港，《英文虎報》引述消息報導，指爆眼女從沒說過自己爆眼，「爆眼女」只是大家賦予她的外號而已。

正如老婆餅無老婆，菠蘿包無菠蘿，所以爆眼女都無爆眼。

香港人被愚弄了一年，社會因她被砸得稀巴爛，爆眼女拍拍屁股逃之夭夭？是時候，要算算賬，追追兇。

事發當天，爆眼女被拍得受傷照片及視頻後，很快被送到伊利沙白醫院，自此，人間蒸發，沒有人再見過她、接觸過她、採訪過她，也沒人起她底，連姓甚名誰都不知道，大家只叫她「爆眼女」—— 一個從此被膜拜的「神」。

爆眼女在醫院只小住一星期便出院，當日《蘋果日報》報導：「少女右眼因眼球及組織移位，右眼眶恍如留下一個洞，除眼球爆裂，右眼皮及淚管也撕裂……眼骨、面骨、鼻骨全碎，一塊塊散開……」如此毀容式創傷竟在一星期內治癒兼整形，到底是香港醫療技術了得？還是媒體造謠能力厲害？大家自己判斷。

一份《蘋果》，完成不了世紀謊言，還要靠權威人士、權威部門幫手助燃。

爆眼女住院期間，沒一張照片流出，沒半點消息洩漏，醫院對病人的保密工夫做到加零一，儘管，他們都知道真相，知道爆眼女根本沒爆眼，但都義無反顧，配合黑暴劇本一起譜寫世紀謊言。

爆眼女留醫期間，著名醫學專家袁國勇教授接受電台訪問時說：「你哋用武力打到人哋成面血、斷骨，甚至盲，那仇恨就種

在心裏⋯⋯你看班後生仔帶埋遺書去暴動，甚至被打盲⋯⋯」連大醫生都說她盲，於是世人都相信，爆眼女真的爆眼了。

爆眼女在醫院一直得到嚴密保護，即使出院後也沒人見過她，全港媒體找她不着，唯獨遠在美國的《紐約時報》卻非常「把炮」，找到爆眼女真身，讓她戴黑口罩掩右眼拍了張半臉照接受訪問，刊在《紐約時報》頭版。連世界輿論都這樣說，誰再敢質疑爆眼女？

事後，《星島日報》向為《紐約時報》拍此照片的香港攝影記者林奕非查詢，問攝者知否爆眼女當時傷勢，林奕非竟不予回覆。

有時候，沉默才是散播謠言的幫兇，正如醫管局一直執着「私隱」二字保持緘默，由得天下人為一隻沒爆的眼睛殺過你死我活，甚至讓一眾醫護坐在醫院蒙着右眼罷工抗議，為謊言火上添油，而知悉真相的醫管局上上下下，卻一言不發、無動於衷。你敢說，這些人都不是幫兇？

爆眼女出院後，輪到法援署接力。爆眼女一次又一次申請法援來司法覆核，阻止警方查看她的醫療報告。法援署不單批出法援，還讓爆眼女聘請大律師公會主席夏博義為她上訴，小小法援案用到天價資深大律師，以納稅人的錢幫忙掩藏真相，你能說，法援署的官員和代表爆眼女的律師大狀不是幫兇？

不想讓人知道傷勢，原因只得一個，就是「爆眼」根本是謊言。爆眼女的官司最後敗訴，醫療報告終獲解封，但報告竟對爆眼女傷勢無結論，只簡單說沒傷及眼球和內部組織，只是眼睛周邊位置受傷。Hea 寫醫療報告，又算不算幫兇？

這麼多人、這麼多部門為守住一個人的私隱，寧願犧牲整個社會，原因只有三個：一是怕、二是官僚、三是有心幫忙。

爆眼女已離港赴台，梁振英的「803 基金」已出了 100 萬懸

紅（360 萬台幣）尋爆眼女下落。

謊言始作俑者爆眼女追到天腳底我們都要追，但旁邊知情的幫兇，包括醫管局、法援署、涉事醫護、攝記林奕非等等，也要一一追究。沒有你們完美配合，爆眼謊言絕不會那麼天衣無縫，煽惑社會暴亂，你們都應被記一功。

（原刊於 2021 年 5 月 26 日）

私隱的雙重標準

1996 年 5 月 12 日，瑪麗醫院急症室的夜晚，救護車送來一個受槍傷的偷渡客。因為探員在他身上找不到身份證明文件，惟有套他指模並問他姓名，偷渡客說：「我叫陳小平。」然後，那個陳小平被推進了手術室。

沒多久，警方的指模核對有驚人發現。病人並不是甚麼陳小平，而是警方懸紅一百萬緝拿的頭號通緝犯、極度悍匪葉繼歡。

警察衝鋒隊隨即佩備長槍、避彈衣趕到瑪麗醫院，指揮官即時宣佈封鎖整棟醫療大樓，除相關醫療人員，其他人一律不准進出，直至葉繼歡手術完畢、離開醫院才解封。

這是 25 年前的警權，殖民地年代，為了維持社會治安，執法者的權力可以凌駕一切。

如果事件發生在今天，我有點懷疑，警方還可以封鎖醫療大樓嗎？還可以對葉繼歡病歷予取予攜嗎？

一份爆眼女的醫療報告，糾纏了足足一年零八個月，2019 年發生的案件，拖到今年 4 月法庭才駁回一切上訴，警方終於可取得並查閱。報告結果亦一如所料，爆眼女並沒失明，她的眼睛根本從未受傷，視力完好，當日流血只是眼睛旁邊的皮肉損傷。

爆眼與不爆眼，醫護應該一清二楚，作為醫院及醫管局高層，更沒可能不知其病歷。然而，當全城怒吼「以眼還眼」，甚至有瘋狂暴徒恐嚇警員要「打到你兒子殘廢、拿掉你女兒一隻眼來填命」的時候，竟沒一個醫生、護士、院長、管理層出來說句公道話，阻止憤怒蔓延，大家彷彿樂見謊言繼續燃燒。

《星島日報》日前有評論說，醫管局包庇造假，刻意隱瞞個別

病人情況。翌日醫管局迅速反擊，說他們對所有病人一視同仁，堅持尊重個人私隱，未經病人同意不會向公眾披露個別病人具體臨床情況。

那我想問問，同是 2019 年黑暴，11 月 11 日早上 7 時 20 分，西灣河一名交通警向襲擊他的暴徒開了 3 槍，2 小時後，醫管局發言人火速回覆記者說：「中槍男子正在東區醫院接受手術，他腹部中槍，右邊腎臟及右邊肝臟撕裂、肝門靜脈受損，現正進行剖腹手術，需要切除右半邊肝及右邊腎⋯⋯」

當事人正在動手術，醫管局已公開他傷勢，而且公開得又快又詳盡。中槍者的私隱，不用理會的嗎？

爆眼女的醫療報告，要花一年零八個月加上庫房大筆冤枉錢才得以公開，但被警察槍傷的暴徒，醫管局 2 小時就向外報告傷勢。原來，私隱都有雙重標準。

當公眾利益與個人私隱之間需要取捨，醫管局為甚麼只站在爆眼女的立場，而且是一個說謊的立場？醫護本應宅心仁厚，當全世界充斥着誤解的仇恨，你獨知真相，為甚麼你們全部無動於衷？

（原刊於 2021 年 5 月 29 日）

說得出的未來

子女考上大學，相信是做父母最高興的事，然而，香港除外。

近日開學，問起朋友孩子的去向，聽到都是這種回覆：「唉，讀暴大呀！」「我仲慘，HKU 法律系，死未？」以前我們會以為父母在晒命講反話，今日絕對相信那嘆息是真感受。

從前考進大學是天之驕子，今日考進大學，感覺就是送羊入虎口。未踏進校園，已收到各學生會傳來「抗爭」味濃厚的歡迎信，做家長的既擔心又無奈。

幾個月的社會隔離，孩子像進了戒毒所的癮君子，暫時脫離毒梟魔掌。然而 9 月一開學，子女又要再次走進毒窟，會否踏上悲劇路，真要看孩子的定力與造化了。

那天，中大政治及行政學系高級講師蔡子強在《明報》撰文，寫了篇題為〈說不出的未來：「送走」會成為「新常態」嗎？〉的文章，他說，逃犯條例及《國安法》令香港有「說不出的未來」，於是有能力的香港人，都千方百計把子女送走。

父母把孩子送走，真的如蔡子強所言，是為了「說不出的未來」嗎？還是，因為我們「看得出未來」？

反修例暴動至今，被警方拘捕的人已近萬，當中，佔了四成是學生。大學生積極犯法，似乎已是看得到的未來。這一年，大家見識過大學生流利的粗言、兇狠的殺戮、不眨眼的謊言、造汽油彈的熟練……這樣的未來，說得出，也看得見，試問，哪個父母不驚恐？

蔡子強又說：「今年沒有接受大學 offer 的 DSE 考生數目急升，情況讓人吃驚……幾間排名較前的大學，情況更為

嚴重⋯⋯」

全國政協副主席梁振英立即反駁蔡子強的「吃驚論」:「家長就是對陳健民這樣的中大講師、對段崇智這樣的中大校長、對吳傲雪這樣的中大同學、對葉芷琳這樣的港大學生會會長,敬而遠之。」

蔡子強說,看到這麼多人放棄學位感到吃驚?我說,吃驚得過納稅人每年在每個大學生身上投放至少 25 萬,卻栽培出一批又一批暴徒?不想子女變暴徒又稍有點能力的香港人,都會千方百計把孩子送走,外國也好、內地也好,總之留在香港就不好。

講多無謂,用腳投票,才是最真實的選擇。有本地大學學位都不稀罕,寧願冒染疫風險、付高昂學費,把子女送到英美、歐洲唸書,原因很簡單,因為肺炎可治,腦殘難癒。

(原刊於 2020 年 9 月 18 日)

遙控的革命

連天公都會意，在黎智英進監牢第一日，迎來入冬以來最冷的夜。

這幾天的新聞像煙花綻放，嘩、嘩、嘩……一下比一下驚喜。為黃之鋒入獄開的香檳未飲完，又要為黎智英即時收監四處撲還神燒豬。豬未切完，再傳來許智峯舉家走佬的消息，大家忙着燒炮仗，已無暇理會那個幾乎被遺忘的梁頌恆已潛逃美國。

香港人是善忘的，今夜煙花璀璨，激情過後，你有你的生活，我繼續我的忙碌，三五個月後，大家開始搞亂之鋒和智峯；三五年後，大家會問梁頌恆是誰？羅冠聰乜水？

許多人好氣憤，認為怎能讓這種搞亂香港的人一走了之？我倒覺得，讓政棍離開、讓金主入冊，似乎是最好的結局。

金主大把錢，在世界各地有屋有地有生意有關係，出走對他沒影響，去到哪裏他都是一個富豪。只有一個地方能讓他一無所有，就是監房。

至於那些政棍，靠民主光環上位，靠支持者擁戴發達，坐牢只會為他們添履歷，反正不會判終身監禁，頂多囚十年八載，與其養在監房嘥米飯，不如讓他們嚐嚐離開國土的無期徒刑。政棍一旦出走，沒了土壤，連站穩都困難，別吹噓甚麼「國際戰線」了。

長貧難顧，一個逃亡的大男人還可以這裏借宿一宵、那裏小住幾月，許智峯拖着一家六口、老老嫩嫩，誰會捱義氣來長期照顧？一個黃種專業政棍在白人社會可以幹甚麼？做議員輪不到你，做侍應怕你向顧客掟屎，做保安又驚你搶人手機……也許有一天，我們去英倫旅遊，會遇到一個 Uber 司機，叫許智峯，然後

跟他說：師傅，你好面善。

儘管他們不斷自我麻醉說：「歷史會記住我們！」對不起，你們想多了。

還記得那個被西方捧為「中國第一代民主鬥士」的魏京生嗎？他 1997 年保外就醫去了美國，獲紐約哥倫比亞大學接收，為他提供食、宿、辦公室及生活費。捱不到 4 年，哥倫比亞大學就以「魏京生在處理中國問題上提出的建議不切實際，3 年多來的學術研究毫無建樹」為由，收回魏京生的辦公室及宿舍，終止對他的財務支出，從此這個第一代去國民主鬥士，下半生靠着這褪色的招牌四處募捐顛沛流離。

魚兒離不開水，瓜兒離不開秧，政治人跟醫生護士木匠水喉匠不同，你們的一門手藝不是世界通行的，玩政治一離開自己地頭就會變得一文不值，你幾時見過遙控的革命會成功？最巴閉的十四世達賴在國外喊了 61 年，西藏獨立了嗎？

（原刊於 2020 年 12 月 5 日）

死了一個人，也活埋了人性

家家有本難唸的經，不是家人，無權過問，尤其當悲劇發生時。

去年 9 月，15 歲女學生陳彥霖全身赤裸的浮屍被發現在油塘對出海面，當時正值黑暴，黑暴支持者不斷妄想陳彥霖是被警方謀殺，儘管陳彥霖就讀的香港知專設計學院已公開 16 條校內 CCTV 片段，證明陳女失蹤當天一直獨自一人且精神狀態有異，但黃絲們完全不相信。

政治瘋狂除了令社會失智，最卑鄙就是影響死者一家。每月的月祭，已不斷往死者家人傷口灑鹽，昨天（24 日）死因庭開審，陳媽媽及外公出庭作供，講述陳女有過自殺前科、死前幾天精神狀況異樣，一步出法院，竟遭幾十名黃絲圍攻咒罵，說她是「戲子」、「假老母」、「收錢死全家」……

原來，只要事實不符他們劇本，不合他們口味，統統不得好死，這就是他們追求的民主？在法庭上道出真相後就要被圍剿，這就是他們要的法治？

這一年，看盡香港人的敗壞，看盡人性的泯滅，但沒想到原來我們的社會已禽獸不如到這地步。

看庭上供詞，這家庭本來就有本難唸的經。陳母 2004 年未婚產女，生了彥霖，母女倆跟彥霖生父共住了 3 年，因他染上毒癮並對母女家暴，於是陳媽媽帶同彥霖離開了這男人，把女兒交由外公照顧，自己因要搵食獨自居住，一星期跟女兒見一次面，平日每天 Whatsapp 通訊。

外公在庭上敍述陳彥霖失蹤前的狀況：凌晨時分仍見彥霖在

房間執拾東西，又坐在房內發呆說：「執極都執唔完，又有人喺耳邊同我傾偈，唔俾我瞓。」

陳媽媽說，有晚凌晨女兒忽然傳她一張童年合照說：「多謝媽咪帶我嚟呢個世界」、「媽咪我好愛你」，之後，女兒就失蹤了。

不過是一些事實的陳述，沒有立場、沒有抱怨、沒有臆測，講完，竟然就在法院門口遭到無恥謾罵，而圍在旁邊助攻的記者竟無人反問一句：「請問你們是死者貴親？你們認識陳彥霖嗎？你們憑甚麼說陳媽媽和陳外公在說謊？」

因為昨日的滋擾，今天（25 日）研訊時法官特別讓陳媽媽及陳外公在特別通道出入法院。我不明白，大家為甚麼只會斬腳趾避沙蟲？香港法例第 504 章《死因裁判官條例》第 47 條明明寫着：「凡任何人在研訊過程中或往返研訊地點途中，故意侮辱死因裁判官、協助死因裁判官的人員或證人，均屬違法。」

早就聽法律界人士說，香港的法例其實寫得很周全，懂用、肯用、敢用，根本就不需要《國安法》。這又是一個例證，長期的姑息養奸，不單壯大了賊性賊膽，更連人性也一併活埋了。

（原刊於 2020 年 8 月 25 日）

一千萬的走佬特工隊

節日，從來都是罪犯最愛利用的好機會，平安夜的休戰故事，只會發生在 1914 年第一次世界大戰年代。趁着大時大節，舉世歡騰，人人鬆懈，就是最好的突襲或犯罪時機，戲都是這樣做，更何況真實世界。

所以，這幾天的聖誕，再過幾日的除夕，和再過多一個月的農曆新年，大家應該格外留神，緊盯着何文田加多利山豪宅區上那個剛被保釋外出的重要嫌犯。

壹傳媒集團創辦人黎智英早前因違反香港《國安法》及欺詐罪被羈押，聖誕前夕，竟獲高院法官李運騰批准，以 1 000 萬現金及 30 萬人事擔保外出。

一個要用鎖鏈纏身的重犯竟然可以保釋，大眾譁然。

反對派大狀梁家傑接受訪問時卻輕描淡寫說：「黎智英已被沒收旅遊證件，從正路走一定沒可能。以 12 港人的先例，如果走水路要進入內地海域，如何走呢？加上苛刻的保釋條件，我覺得他是插翼難飛。」

然而，去年國慶日在荃灣因襲警被槍傷的暴徒曾志健，旅遊證件也被沒收了，但他不也棄保潛逃了嗎？一個 18 歲的屋邨中學生都可以在沒證件下安然逃走，腰纏萬貫的富豪要潛逃有何難度？

又或者，我們看看日本汽車大亨戈恩（Carlos Ghosn）潛逃的故事，想想黎智英是否真的插翼難飛？

祖籍黎巴嫩、生於巴西、在法國受教育的戈恩，擁有黎巴嫩、巴西及法國 3 本護照，是日本三大跨國汽車集團日產、三

菱、雷諾的總裁。2018 年因貪腐與造假賬被捕，之後一直被羈押。

2019 年 4 月，戈恩以 5 億日圓（約 3 500 萬港幣）保釋金獲准保釋，並嚴守下列條件：不得離開日本、3 本護照全被沒收、每天必須向警察單位報到、軟禁在家、不可以使用互聯網和其他方式與外界聯繫、住處安裝許多攝像鏡頭等。

然而，在重重監視之下，戈恩最終還是成功潛逃，靠的，就是一個節日的掩護。

新年前夕，戈恩不能外出，於是他在警方監視下邀了一支海外樂隊來到豪宅作新年私人音樂會。

表演結束，幾個樂隊成員帶着樂器，從戈恩的豪宅離開。警方監控着一切，來時幾個人，走的時候還是幾個人；來時幾件樂器，走時還是那幾件樂器。

一切似乎很正常，直至 12 月 31 日除夕那天，戈恩讓世界及日本警方嚇了一大跳，他忽然在黎巴嫩首都貝魯特公開亮相說：「我已離開日本，在黎巴嫩的住所與妻子團聚了。我並非要逃避法律制裁，而是要逃離日本的司法不公及政治迫害。」

事後追查，身高只有 1.7 米的戈恩是藏身在演奏隊的大提琴箱離開大宅，而所謂的演奏家，其實全是前黎巴嫩特戰隊員，神不知鬼不覺下，一個知名嫌犯就在日本警察的眼底逃離東京豪宅。

營救小隊帶走戈恩後，沒選擇最近的東京機場，反而驅車去了 600 公里外的大阪關西機場。在那裏，戈恩用一本偽造護照，變了妝，登上私人飛機，飛往土耳其伊斯坦布爾，再會合妻子，轉私人飛機前往黎巴嫩。因黎巴嫩與日本沒有引渡協議，戈恩從此逃出生天。

事後，日本共同社援引法庭文件報導，一對美國父子涉嫌收

取戈恩家族 130 萬美元（近 1 000 萬港元）「幫忙費」，協助此次逃亡計劃。

有錢使得鬼推磨，1 000 萬，不過是黎智英的保釋金。大家猜猜，73 歲的黎智英想到自己有可能在內地監獄度餘生，會否像戈恩一樣，找走佬特工幫忙潛逃？

（原刊於 2020 年 12 月 26 日）

你走錯地方，這裏不是政治中立

他們說：「香港愈來愈無自由了！」我想，這是我唯一認同他們的話。

今時今日，只要你不黃不黑，你就沒有說話的自由，沒有選餐廳的自由，沒有表達意見的自由，甚至沒有解僱下屬的自由。

近日，香島中學因為不跟一位任教 12 年的藝術科主任李筠佩老師續約，校長被她在網上寫公開信聲討，昨天更引發一場圍學校行動。幾時開始，香港僱主連炒一個人的自由都沒有了。

李筠佩老師允許學生在音樂考試中奏唱「港獨」歌《願榮光歸香港》是不被續約的導火線，她承認自己「在校內沒有高調談論政治」，言下之意，即是有低調教政治，那就更得人驚了。

李老師在信中說自己「氣憤難平」，說學校炒她是「白色恐怖」，我覺得，那是因為她無知。

教了 12 年，難道她不知道自己任教的是擁有 74 年歷史的傳統愛國學校？這所學校的校舍長年飄着五星紅旗，每天都有升旗禮，難道你覺得，這是搞「港獨」的土壤？不跟你續約，是教育理念迥異的問題，如果你在教會學校教書，卻天天給學生播「南無阿彌陀佛」，你道結果會不會一樣？

昨天，來了百多人拉起人鏈圍香島中學聲援李老師，但從校服認出，當中只有三四十個是香島學生，其餘都是來自附近九龍塘的真光中學、陳樹渠紀念中學、聖母玫瑰書院，有家長甚至陪孩子來圍校。

他們接受記者訪問時說：「學校應該政治中立，不應以政治理由炒老師。」「不少班級都選《榮光》作考試歌，李老師不反對，

因為她尊重學術自由。」

我是香島校友，也曾在香島任教，從小學唸到中學再當上這裏的老師，校歌我是倒背如流的，它有這幾句：「香島，您教年輕的一代走向新生，有了您，祖國多一份光榮。」李老師是教音樂的，這首歌一定唱過，這種歌詞，你不會以為是政治中立吧？

圍在校門外的香島學生和家長，你們進這所學校之前大概會做點資料搜集、翻翻校網、看看校史吧，那裏光明正大寫着學校立場⋯⋯

自 1949 年新中國成立開始，香島就在學校豎了國旗，即使，那是殖民地年代，即使受到港英政府諸多打壓，一分錢教育津貼都不給，香島還是抱着愛國的宗旨艱苦經營了大半個世紀。

1956 年 10 月 10 日雙十暴動，香島校舍被嚴重破壞，當時的周恩來總理特別在北京接見香島董事長，勉勵全校師生重建校園，周總理與董事長的握手照至今仍印在校網上，難道你們仍認為，這裏政治中立？

華東水災、汶川地震，香港許多學校都發起捐款救國，但香島的募捐歷史，是始自 1950 年，為當時的抗美援朝全校義賣籌款。

這樣的學校，政治中立？唱「港獨」歌？對不起，你們走錯地方了，不喜歡，不接受，那請回吧，請辭吧，退學吧。

（原刊於 2020 年 6 月 13 日）

黎智英的軟肋

壹傳媒主席黎智英及一眾公司高層被控觸犯《國安法》，保釋後的肥佬黎接受林夕訪問，被問到會否擔心家人被挾持時哭了出來：「家人對我最重要，不是事業、名譽，是家人……我覺得他們不會這麼離譜，如果真的做到咁離譜，我真不知如何面對……」

討厭他的人都說，黎智英流的是鱷魚淚，我不苟同，以我對他的認識，肥佬黎是個大情大性的人，家人絕對是他的軟肋。

億萬富豪或多或少會有緋聞，尤其肥佬黎是搞媒體的，但他幾乎沒出過桃色新聞，人盡皆知他是個愛妻號，他把家庭看得很重，因為，他曾經失去過。

肥佬黎第一任妻子是個泰國籍空姐，跟他生了 3 個子女，但在 3 個孩子還小的時候，就愛上別人，離他而去。

肥佬黎從不諱言過去的傷心事：「我跪在她面前求她不要走，但她還是執意離去，丟下我和 3 個孩子，我記得那夜，我就這樣摟着 3 個孩子，坐在樓梯口哭了一個晚上，我決定，一世都不會再娶老婆。」

後來，肥佬黎做成衣生意發了達，創立佐丹奴。當時在《南華早報》做實習記者的李韻琴奉命找這個商人做專訪，根據肥佬黎的描述，李小姐一走進來，他整個人像觸電般，平日口舌便給的他，但那個訪問卻結結巴巴不知所云，這次的一見鍾情破了肥佬黎終生不再娶的戒，後來他跟李韻琴結了婚，再多生 3 個孩子。

在壹傳媒工作的日子，常聽肥佬黎說起太太及家人，他很少應酬，一下班就回家，家人是他的一切。同事們都感奇怪，他

太太並非絕色佳麗，嚴格來說連漂亮都說不上，肥佬黎怎會一見癡迷？

倒是這個黎太一家也蠻厲害，李韻琴嫁了富豪肥佬黎，她姐姐李偉琴就嫁了民主黨大腦楊森，妹妹李潔琴則是著名國畫大師黃永玉的媳婦，一家三女都嫁入名門。

高調的肥佬黎，身邊人卻非常低調，或者說，肥佬黎把妻子兒女都保護得很周全，網上絕少見到他們的資料，連照片也少得可憐，富豪社交場合從沒他一家的蹤影。做起人底的生意，當然先會保護好自己家人。

這次，警方連同肥佬黎 2 個兒子一起拘捕，對愛家的他來說，是重創，難怪說到傷心處，不禁痛哭流涕。

不過，對比壹傳媒幾十年及肥佬黎支持黑暴這些年所破壞的家庭來說，他們三父子一起被捕，已經是很輕很輕的痛了。想想這幾十年多少家庭被你們害至妻離子散、家破人亡？「家人對我很重要」這句話，很多人都講過，你現在終於感受到此話的重量嗎？

（原刊於 2020 年 8 月 23 日）

搞人仔女之後⋯⋯

拜登當選總統了，大家認為誰最驚恐？

在美國，要驚的人很多，得罪全世界的國務卿蓬佩奧該是其中之一。但在香港，最驚這個大選結果的，相信非黎智英莫屬。

曾公開支持特朗普連任，說只有特朗普才能「救香港」的黎智英，這次明顯押錯注了。他對特朗普的支持，不單是口頭的，還以傳媒之便出手相助。

大選前一星期，美國全國廣播公司（NBC）報導，網上流傳一份長達 64 頁的「颱風調查」（Typhoon Investigations），內容是抹黑拜登兒子亨特的中國生意，這份「醜聞」原來全由《蘋果日報》捏造，其老闆黎智英的私人助理 Mark Simon 亦已承認該材料是他用 1 萬美元找人撰寫的。

搞人仔女，似乎是《蘋果日報》最喜歡用的手段。孩子是父母的軟肋，作為六孩之父的黎智英好明白這個道理，於是，我們看到梁振英先生做特首的年代，《蘋果日報》有專屬狗仔隊 24 小時「招呼」他的子女；明星沒新聞，《蘋果日報》就會跟蹤他們的孩子返學放學來做新聞⋯⋯

如果問，《蘋果日報》這 25 年來令多少人妻離子散甚至家破人亡，我想，報告長得可以寫成百科全書。不過，上得山多終遇虎，黎智英這次引火自焚了。

首先，拜登的子女不單是軟肋，還是他人生最痛。1972 年，30 歲的拜登剛成為美國史上最年輕參議員，家中就遭逢巨變。上任前夕，拜登的妻子和仍是嬰兒的女兒在一場車禍中喪生，2 個兒子嚴重受傷，當年拜登在兒子病牀邊宣誓就任特拉華州參議

員的情景，曾讓很多人動容。

為了照顧 2 個車禍中重傷的兒子，拜登每天一大早就由特拉華州乘火車到華盛頓上班，晚上又乘火車回到特拉華，來回 300 多公里，足足堅持了 35 年。拜登說：「兩地往返，只是想陪在兒子身邊，哪怕只待上一小段時間。每天路上 4 小時，是想和他們道晚安，然後第二天早上給他們一個吻。」

這樣的父親，你搞他兒子？

至於車禍倖存的 2 名兒子，大仔後來當上總檢察長，卻在人生高峰期間中風，2015 年更以 46 歲壯年之齡死於腦瘤。至於小兒子亨特卻放蕩不羈，曾因吸毒進過戒毒所，也常酗酒及光顧脫衣舞夜總會，為拜登帶來很多麻煩。

於是，《蘋果日報》就以一貫作風，從別人的最弱處下手，捏造這個小兒子亨特的醜聞，反正此人形象一向差，多「屈」他幾宗沒人會質疑。

然而黎智英卻忘了一件事，就是拜登會贏。

政見不同尚可化解，但搞人仔女之仇卻是不共戴天。黎智英有 6 個子女，也有不少資產在美國，己所不欲施於人後，是時候要擔心自己一家了。

（原刊於 2020 年 11 月 9 日）

二次回歸

今年七一，特別有感，2020 年的這天，香港經歷了二次回歸，從未見過這麼多香港人真心地喜氣洋洋。

曾經跟一位退休警官聊天，他說了一段回歸前後的個人經歷：

「回歸前，我們常跟內地官員工作交流，完了一起晚飯喝酒，酒過三巡，說起香港快回歸了，他們總是很激動，總是說終於一雪前恥，終於守得雲開，說着說着，就淚流滿臉。我乾着酒杯和應，但說老實，我完全感受不到他們的激動，心裏甚至想，不過是一個儀式，何解你們比我們當事人還着緊？

「然後，回歸了，換了徽章，換了旗幟，一切依舊，七一那天，我沒有特別感動，沒有痛哭流涕，也沒有心潮澎湃，還是一樣的過活，直至 2014 年，佔中，然後 2019 年，黑暴。

「經歷了這幾年的亂局，現在一聽到國家騰飛的新聞，我會熱淚盈眶；一聽到國歌奏起，我會哽咽下淚，我忽然明白，當日內地官員為甚麼對香港回歸這麼激動，原來，那是一種期盼太久、一洗頹廢的苦澀滋味。」

23 年前那次回歸，好多香港人跟那警官一樣，只是參與了一個儀式，經歷了一次歷史時刻，感動，有的，但激動，就未必。

畢竟當年香港仍比內地先進，不少香港人的心態是，從一個有錢養父母的豪宅，搬回農村的窮父母身邊，總有些人是心不甘情不願的，所以，23 年前的回歸只是一個形式，人心、靈魂尚未完全回歸，結果，這 23 年，我們走得焦頭爛額。

舉個例，房子租出去 100 年，拿回來自住時，不作大裝修大

改動，至少也該換喉、換電線、通通渠、髹髹油吧？都不換，起碼都換張新牀、新沙發？原封不動住進去，渠塞瓦塌是遲早的事。一間房子尚且如此，更何況一座城市？

第一次回歸，我們抱着那句「五十年不變」，除了標誌，甚麼都沒改，大家仍舊活在英式舊宅裏，不倫不類地做一個自覺高人一等的中國人。

結果，23 年，眼看他起朱樓，眼看他宴賓客，眼看他樓塌了，如今，甚至育出蛆蟲，引來蛇蝎。東方之珠，墮落成一堆爛泥。

經歷了長達整整一年喪屍圍城的恐怖日子，就在回歸前一夜，國家送來 66 條新律法，香港人終於明白，甚麼是守得雲開的喜悅。

這天，是香港的二次回歸，國家在香港人最痛苦、最無助的一刻，伸手一拖，「有國才有家」這句話，我們終於用激動的心體會到了。

23 年前那一天，是形式，是歷史；23 年後的今日，才是真正的人心回歸，至少，有一半人心是感恩有國，另有一半心懷怨恨的，就用餘下的 27 年去把他們慢慢改變。

（原刊於 2020 年 7 月 1 日）

第三章

挺身而出的凡人

沒有從天而降的英雄，
只有挺身而出的凡人

聽到「生化武器」4 個字，好多人只會想到日本 731 部隊、美軍在越南噴灑「橙劑」等負面印象。其實，生化研究正如一把雙刃劍，用來作惡，可以遺禍人間；若善用，則可以拯救萬民。

剛剛在北京人民大會堂舉行的全國抗疫表彰大會，4 位抗疫功臣分別獲得國家勳章及榮譽，包括中國工程院院士鍾南山、天津中醫藥大學校長張伯禮、武漢金銀潭醫院院長張定宇和生物防禦專家陳薇。

4 人之中，香港人最熟悉的當然是長居廣東的鍾南山，但觀看授勳儀式，台上唯一一位穿着軍服的女子陳薇倒讓我格外注視。對於這位中國首席生化武器專家、軍事醫學科學院生物工程研究所所長及解放軍少將，香港媒體着墨不多，內地人形容陳薇是「中國最低調但最了不起的女人」、「也是距離病毒最近的人」。

原來，26 年來，陳薇一直與病毒為伍，與炭疽、鼠疫、天花、伊波拉等超級病毒長期搏鬥，研究生物危害的防控工作。

非洲人流傳一句話：「世人因為伊波拉走了，中國卻因為伊波拉來了，而帶頭的中國人，就是陳薇。」因為世上第一支帶隊去非洲抗伊波拉疫情的，就是中國醫療隊。

今年大年初一，陳薇再次臨危受命，前往武漢，由 1 月 25 日留到 5 月 17 日，連續 113 天沒回家，她的兒子和丈夫天天守在電視機旁看新聞聯播，等候陳薇偶然出現的幾秒畫面，聊解思念。

連續百多天，陳薇和她的團隊都是在帳蓬式移動檢測實驗室工作，研發檢測試劑、研製抗病疫苗。

當第一期疫苗初研成功，要找真人做臨床白老鼠，志願者紛紛舉手參與，當中包括一名兒科醫生及他 84 歲的老父。陳薇說：「第一期疫苗試驗志願者共 108 人，他們都是勇士，他們說：『這麼多人為武漢做了這麼多事，我作為武漢本地人，這個時候怎能不作貢獻？』」

這 108 條好漢，都是無名英雄，造就了陳薇的榮譽，所以她獲勳後謙卑地說：「我只是替這些人上台領獎，我是軍人，人民子弟兵，來自人民，回到人民。」

上天很奇妙，它用一個找不到、攻不下的病毒，來考驗世界各國的制度優劣，考驗各國民族的價值人性。

習主席在授勳講話中有一段話讓我特別感動：

「參加抗疫的醫務人員中有近一半是『90 後』、『00 後』，他們有一句話感動了全中國：2003 年非典的時候你們保護了我們，今天輪到我們來保護你們了。長輩們說：『哪裏有甚麼白衣天使，不過是一羣孩子換了一身衣服。』世上沒有從天而降的英雄，只有挺身而出的凡人。……從出生僅 30 多個小時的嬰兒到 100 多歲的老人，從在華外國留學生到來華外國人員，每一個生命都得到全力護佑，人的生命、人的價值、人的尊嚴得到悉心呵護。這是中國共產黨執政為民理念的最好詮釋。」

還在街上打砸叫囂的香港年輕人，國家的負面故事你們聽夠了，平心靜氣認識一下共和國的優秀一面，好嗎？

（原刊於 2020 年 9 月 9 日）

愛國是，
在國家最需要時挺身而出

時窮節乃現，人總是要在危難時才顯出真本色。

2016 年，我在會展聽來自北京的中國軍事專家金一南教授演講，他對抗戰時期人性的刻劃，跟今日香港不謀而合。

他說，中國近代的災難，是因為中國人不團結一盤散沙所致。抗戰期間，國民黨副總裁汪精衛以下 20 多位中央委員、58 位將官投敵，當時不是民眾出問題，是精英層出問題，出現大問題，黨政精英都成了漢奸……當時中國出現的，叫集團性精神沉淪和人格沉淪，不是一個兩個，是團團夥夥的精英沉淪。

看到這裏，會否令大家想起我們的司法界、教育界、社福界、傳媒界、公務員甚至一些富商？他們本是社會精英，一場黑暴，卻團團夥夥地沉淪，甚至露出賣國歪心。

相反，由 79 日佔中，到長達 8 個月的黑暴，無論幾多社會精英倒戈、變節、出賣、逃逸、龜縮，只有警隊一直站在最前線死守。

向前看不到勝算，身後沒一卒援兵，18 萬公務員藏的藏、躲的躲、放箭的放箭，除了部分紀律部隊施過援手，警隊大部分時間都是孤軍作戰。日久見人心，誰是忠臣？誰是愛國者？黑暴日子的表現，就是最好的履歷。

所以，當大家為新選舉制度進言建議，加這改那，重建新愛國治港者班子時，我奇怪，為甚麼沒有人提及這批真正忠誠的愛國者？

戰事完了，許多人跳出來邀功領賞，打生打死的卻最早被遺忘。

最近大家討論完善選舉制度，有人建議在特首選委及立法會議席中應加入青年團體、婦女團體、中資機構，甚至社團工會的席位，卻沒人記起，這守土護民的一羣。

也許，大家被舊例綑綁了思維：公職人員不能參選立法會議員、警務人員不能參與政治活動，此之謂政治中立。

其實，這是一條殖民地惡法，因為當年英國人擔心社會一旦出現反殖思潮，身為中國人的警隊會倒戈造反，威脅殖民者管治，於是訂立警察不得涉獵政治的惡法，他們至今連遊行集會的公民權利都被剝奪。

今時今日，我們看北京兩會會議，人民大會堂席上不少穿着軍服、警服的代表正襟危坐，即是說，軍警都有代表參與國家管治系統，反而香港，紀律部隊卻完全被拒諸政治板塊之外。

根據政府統計數字，紀律部隊人數約 58 000 人，連同家屬及退休者，數目起碼 30 萬，如此龐大的一個羣體，竟然沒有半個民意代表進入權力架構為他們發聲，實在說不過去。

紀律部隊的特質是貼地、熟法例，黑暴過後，忠誠勇毅之心更無可置疑。當大家還在考驗誰才是忠誠有能力有擔當的愛國者時，他們早就在那裏默默守護，為高官、為市民擋汽油彈。

疾風知勁草，愛國不是一句口號、一個簽名、一版廣告；愛國是，在國家最需要你的時候，挺身而出，至少，香港警察做到了。

（原刊於 2021 年 5 月 17 日）

驚天動地的遺言

很多人問，為甚麼香港年輕人沒家國觀念，沒愛國情懷？我不怪他們，怪只怪做教育的、主理教育部門的，甚至我們做父母的，曾為孩子灌輸過多少家國養分？

天天吃山珍海錯，你就會肚滿腸肥；天天吃垃圾食物，你當然會一肚廢物。翻翻香港中、小學生唸的是甚麼中國歷史、中國文學，再看看我們的社會環境為下一代提供甚麼國家資訊，就會明白，為甚麼孩子對國家沒感覺。

對，是沒感覺，枉論說愛。

香港國民教育之失敗，是放錯焦點，孩子對國家不認識嗎？於是加強憲法教育、《基本法》教育、《國安法》教育⋯⋯給你把《國安法》倒背如流又如何？心裏不服氣，考個 A 之後還是要反你，年年出來的狀元不是這樣告訴你嗎？

教育，是要攻心；孩子，最喜歡聽故事。舉例抗日戰爭時中國那麼多英雄人物，但我們的教科書卻化成一堆堆年份、一個個數字要學生死記硬背，愛國情懷，從何而來？

就以抗日名將楊靖宇為例，今日有幾多香港人會知道他的事跡？這個讓日軍聞風喪膽的將軍，死時才 35 歲，是少數獲日軍高度評價的中國軍人，連當年帶領圍捕楊靖宇的日軍首領岸谷隆一郎都讚嘆說：「大大的英雄！中國人真了不起，楊靖宇這樣的人要有十個，我們日本就完蛋了！」

1940 年 2 月 23 日，楊靖宇孤身一人在吉林濛江保安村的雪地中與 200 多名日軍激戰 5 日後，壯烈犧牲了。一對 200，打了 5 日，想起都慘烈。

將軍死後，敵人割下其頭顱示眾，又剖開他肚子，看看到底是甚麼力量支撐着楊靖宇抵禦嚴寒和飢餓，頑強戰鬥到生命最後一刻。

結果讓敵人驚呆了，剖開肚子，他們發現楊靖宇胃裏沒一粒糧食，只有未消化的草根、樹皮和棉絮。

楊靖宇是東北抗日聯軍第一路軍總司令，共產黨員，出門打仗的前 5 天，妻子剛誕下第二個孩子，大兒子才 2 歲，楊靖宇為小女兒取了名字後便離家遠去，從此，一家人陰陽永隔。

1938 年，日本關東軍司令部調動了 6 萬兵力，主攻楊靖宇帶領的東北抗日聯軍。他們除了正面攻擊，還背地裏收買漢奸、政治誘降、組建叛徒武裝等方式，瓦解抗日聯軍。東北的林海雪源，冬天平均零下 40 度，楊靖宇的身邊戰士一個個被打散、犧牲、投降，最後只剩楊靖宇一人奮戰。

在雪山跑了好幾天，楊靖宇棉鞋跑掉一隻，好幾天沒吃飯，恰巧碰見村民趙廷喜，便請他幫忙下山買雙棉鞋、買幾個饅頭。「我給你錢，不要告訴日本人。」

沒想到，趙廷喜一下山就找日本人，並領日軍上山找到楊靖宇勸降：「你還是投降吧！如今偽滿州國不殺投降的人。」結果，楊靖宇跟趙廷喜說了句遺言：「老鄉，我們中國人都投降了，還有中國嗎？」

這句話，驚天動地，只剩一人都絕不屈服，中華民族總是在最關鍵時刻，有這樣的人物成為民族脊樑。

總覺得，下一代的歷史應該這樣教，任何一個民族的孩子，都應該由民族的英雄事跡開始學起。

（原刊於 2021 年 3 月 17 日）

永不消逝的電波

　　跟內地來的朋友聊天，發現他們小學時都看過一齣經典電影，叫《永不消逝的電波》，那是內地國民教育的必看電影。近年，這故事還衍生了電視連續劇、舞台劇、舞劇，但對於身處同一國土下的我們，卻對此聞所未聞。

　　電影說的是一個地下黨員的故事，他由日寇侵華到國共內戰期間，一直在上海擔任情報發送員，每日凌晨，在家中的秘密電台，把收集得來的消息發到河北西柏坡的黨中央。

　　他被日軍捉過，但無論對方用甚麼嚴刑拷問，他都只吐出：「我是中國人」5個字。日軍投降後，他繼續當情報員，刺探國民黨軍情。

　　這夜，情報員發送消息時發現狀況有異，接報的主管要求他停止發送，立即撤離。然而，這位情報員覺得手上情報太重要，一定要及時發出，於是在危急下仍繼續把訊息傳送，並寫下最後一句：「同志們，永別了，我想念你們。」傳完，敵人掩至，情報員隨即把剛發完的文件咬碎吞進肚子裏。

　　被捕後情報員被長時間逼供，但他堅決不透露半點消息，情報員最後被殺，而《永不消逝的電波》歌頌的，就是這種為國家戰至最後一刻的犧牲精神。

　　這故事最感人處，是它並非杜撰，而是真人真事。真實的情報員叫李白，他被國民黨特務折磨了4個多月後，於1949年5月7日晚上，跟其他12名地下黨員一起被殺，死時只有39歲。他離世那天，距離上海解放只有20日。

　　當年在西柏坡接收李白最後一通電報的接報員蘇采青仍然在

世，2010 年，她來到上海的烈士故居，凝視着李白遺像，久久不肯離去。2019 年 10 月，那是李白死後 70 年，蘇采青向李白發回一封電報，上面寫着：「李白前輩，您期盼的黎明，到了！」

這人物、這事跡、這種愛國精神，透過《永不消逝的電波》這電影，從小刻在內地孩子的小小心靈，一個民族的愛國情懷，就是這樣一點一滴積累起來的。

日前，港澳辦主任夏寶龍在一個研討會中公開提出「愛國者治港」準則，於是反對派又七嘴八舌咬文嚼字爭拗甚麼是「愛國者」。得罪講句，這些人實在智障。

任何一個國家、任何一個民族，都不會有人跟你爭辯「怎樣才是愛國者？」當國家遇上危難，你會迎難而上嗎？當國家需要你，你會舉手請纓嗎？當敵人要你賣國，你會斷然說不嗎？

愛不愛國，有那麼難理解嗎？要那麼多解讀嗎？內地一個小學生都懂的情懷，我們的大狀、講師、議員、學者竟然智障一樣在問：「這樣算不算愛國？那樣算不算叛國？」

不要問別人，撫心自問：愛國與否？你們的所作所為對得起國家否？天知地知自己知。

（原刊於 2021 年 2 月 24 日）

高原上的美少年

　　一個人要脫貧，通常有個模式，就是用自己的力量努力走出去，走出去你原來的窮地方。

　　然而，最近有個馬背上的窮男孩卻顛覆了這定律。脫貧，不該是自己一個人或者一家人的事，而是整個家鄉、整個民族的事，在這男孩身上，我看到「少年強則國強」這句話的真實演繹。

　　這少年，叫丁真，全名「丁真珍珠」，今年 20 歲，出生於四川省甘孜藏族自治州理塘縣康巴藏區高原。

　　今年 11 月 11 日，丁真如往常一樣去舅舅家吃午飯，在路上碰到一個外來人，他見丁真皮膚黝黑，眼神和笑容很純真，於是把他截停，用手機為丁真拍了段 7 秒視頻，放上抖音。

　　旅者的無心插柳，竟讓丁真一夜爆紅，抖音片段一出，全國都在關注這美少年，並為他配上「甜野少年」的外號。

　　靠臉紅了，自然會靠臉吃飯，然後是靠臉發達。廣告公司、電視台、電影公司的星探都來了。看膩了韓式偶像的油頭粉臉，大家都為丁真的純真野性驚艷，商品代言人、綜藝節目的邀請蜂湧而至，丁真這回發達了，丁家脫貧有望了。

　　很多公司、經理人找上他，丁真開始不知所措，其實他一直只在山上放牛放羊，沒怎麼上過學，漢字識得很少，連漢語都不太會講，這樣的懵懂少年落入商業世界，是好是壞？實在難說。

　　幸好丁真沒被一時火紅衝昏頭腦，他的心思跟高原上的藍天一樣澄明，他拒絕了所有綜藝、直播、真人騷、藝人選秀的邀請，反而踏踏實實地選擇進入一家國企四川理塘縣文化旅體投資公司，成為甘孜理塘的旅遊大使，月薪 3 500 元，除了拍短片推廣

家鄉，還要學習和真正做事。

他上司說，在公司，丁真年齡最小，沒人會拿他當明星，也不會有人特殊照顧他，他和其他同事一樣，搬東西、擦玻璃，甚麼都要幹。

不同的，是丁真用他的人氣，把家鄉的美景介紹給國人甚至國際，他的短片《丁真的世界》在網上發佈後，播放量立即過億，短短幾分鐘的視頻展示丁真生活在草原的風景，雪山、牛羊、馬匹、寺廟，沒有販賣土特產，也沒有時髦打扮，影片除了展示當地自然風光，更讓大家看到一個陽光草原少年的純真樸素。這些年的螢幕偶像盡是倒模濃妝，丁真的樸實無華直擊人心，他拍的旅遊短片，除了在國內瘋傳，也瘋魔到日本、韓國，消息不僅登上日本電視台，還上了日本雅虎頭條，被稱為「中國人氣美少年」。

丁真的走紅令理塘這貧困高原地的搜索指數上升了 620%，飛往四川甘孜的機票訂單比去年同期升了兩成。丁真不要獨自脫貧，他要與家鄉和族人一起脫貧。他向記者說，要努力學習，為家鄉做點事，還要繼續拿騎馬冠軍。

丁真的成就，不是一人之力，而是政府的功勞。當幹部們看到小山區忽然爆出一個火紅少年，立即想：「一定要保護這孩子，不能被過度利用和吹捧，這是我們對理塘孩子的社會責任。他必須要學習，他要做旅遊大使就要先學習，學漢語、文化、歷史、旅遊、社會常識。這樣即使將來不再紅，至少他仍可以做導賞員，他仍有生存技能。」

丁真現象，讓我們看到國家的進步、人心的進步，火紅風潮中，丁真沒有成為哪種商品的代言人，但卻成為四川甘孜理塘藍天雪山純真樸實的代表，說好中國故事，就由丁真開始吧！

（原刊於 2020 年 12 月 21 日）

犧牲，離我們很遠很遠

今天想說說「犧牲」二字。

內地有個國家最高榮譽，叫「共和國勳章」，是授予對國家有極大貢獻的公民，今年獲此榮譽者，是鍾南山院士，大家對那幕由習近平主席親自授勳的畫面，應該記憶猶新。

其實去年 2019 年，也有 8 名中國科學家、解放軍及社會改革者拿到這榮譽，其中一位潛艇專家的犧牲故事，更感動了許多人。

幾年前在《人民日報》看到一篇題為〈中國核潛艇之父黃旭華：「深潛」三十年為國鑄重劍〉的報導，說的，就是核潛艇專家黃旭華的感人故事。

從 1957 年到 1986 年，從 34 歲到 63 歲，黃旭華神秘「失聯」30 年。他去了哪裏？做甚麼工作？家人四處查問，都找不到答案。只知道，黃旭華父親去世，他沒有回家；二哥去世，他都沒有回家，家族成員已把黃旭華視為不可饒恕的逆子。

直至 1987 年，93 歲的老媽看到上海一本雜誌上關於「黃總設計師」的報導，題為〈赫赫而無名的人生〉，母親這才明白，自己的兒子原來 30 年來一直為國家製造核潛艇。

黃旭華是廣東汕頭人，原本想學醫，後來考到上海交通大學讀船舶製造，一唸就產生了興趣。

1965 年，中國決定要製造核潛艇，就選了他。因為這任務關乎國土安全，所以黃旭華從此人間蒸發，躲在雲南的滇池開始做核潛艇研究。自此沒再回家，離家那年媽媽才 63 歲，再重聚時母親已是 93 歲高齡了。

那時候的中國，一窮二白，沒有高端精良設備，科學家賣的

除了技術，就是命。

1970 年 12 月 26 日，中國第一艘核潛艇下水，成為世界上第五個擁有核動力潛艇的國家。1988 年初，這第一代核潛艇要嘗試設計極限，在南海進行深潛。試驗前，參試人員在宿舍唱起悲歌，有人甚至偷偷給家人寫遺書。

因為上世紀 60 年代，美國王牌核潛艇「長尾鯊號」在深潛試驗時失事，160 多人葬身海底。美國潛艇尚且如此，國產潛艇能成功嗎？

黃旭華看到大家彌漫着一種「風蕭蕭兮易水寒，壯士一去兮不復還」的氣氛，覺得不利試驗，於是他宣佈：「我對深潛很有信心，我將與大家一起下水！我這就帶頭唱『雄赳赳，氣昂昂，跨過鴨綠江』（《中國人民志願軍戰歌》），讓我們一起去把試驗數據成功拿回來！」

結果，大家的擔憂、悲情一掃而空。試驗當天，天公作美，黃旭華在潛艇內指揮若定，成功深潛，為中國核潛艇發展寫下新紀錄。也就在此次深潛成功前，黃旭華的身份才被公開，並得到 93 歲老媽和家人的諒解。

所以，當那天聽到我們的特首說，因為被美國制裁，現在沒了銀行戶口、天天數現金過活的時候；又或者聽特首向記者訴說自己由朝做到晚，甚麼嗜好都沒有，連跟老公說話的時間都沒有的時候；我建議特首，看看黃旭華，看看共和國勳章下的故事，你會覺得，原來自己身在福中。

不要跟共產黨比犧牲，毛澤東連兒子都犧牲在抗美援朝的戰場上，安枕無憂的香港人，我們離「犧牲」二字，還有很遠很遠的距離。

（原刊於 2020 年 12 月 2 日）

病毒不可怕，可怕是⋯⋯

　　最近看了一齣紀錄片《好久不見，武漢！》，講的是解封後的武漢故事。

　　由 1 月疫情開始至今，內地出現了很多很多不同形式的疫區真實紀錄，有感人的、有搞笑的、有 Rap、有航拍⋯⋯看不完那麼多。這齣紀錄片《好久不見，武漢！》，總導演是個日本人，因為身份特殊、出發點獨特，所以紀錄片迅速爆紅，上線幾天已破億閱讀量，連中國外交部都點讚，說它樸實無華地打動了中日兩國觀眾的心。

　　生於日本千葉縣的竹內亮，因娶了個南京女子，2011 年跟妻子搬到南京定居。最初決定搬到南京，日本朋友都很擔心他，日本加中國加南京，大家只會想到大屠殺那段歷史，於是日本朋友都覺得竹內亮到南京一定會被打。

　　武漢封城開始，活在南京的竹內亮不斷收到許多消息，真實的、虛假的，全世界都把武漢和病毒聯繫在一起，竹內亮想起，日本的福島。

　　日本 311 大地震，福島核電站爆炸了，從此，福島人走到哪裏都受歧視，已過了十年，很多人還是聞福島色變，竹內亮想，武漢也會這樣嗎？於是，他在武漢一解封，便跑到武漢，找了十個人訪問，包括外賣車手、華南海鮮市場東主、食店老闆、抗疫一線護士、染疫死者家人、雷神山醫院電工、初中老師、抗疫警察⋯⋯透過不同身份去訴說武漢故事。

　　竹內亮問外賣車手：「作為武漢人，怕被歧視嗎？」

　　「我不怕，但我介意，介意大家叫這做武漢肺炎。武漢人為

疫情付出太多，這樣稱呼，對武漢人不公平。」

竹內亮在武漢約見的被訪者，已習慣一見面就拿手機給你看，劈頭第一句說：「我做過核酸檢測。」原來，武漢 5 月尾已為全民 1 000 萬人進行了核酸檢測，結果會在手機顯示，這「陰性」二字，就是武漢人的通行證。

其中一位染疫死者的家人，因被驗出帶病毒，被安排住進雷神山。她說，這幾個月，就是酒店、醫院、醫院、酒店的搬來轉去，搬過 6 個地方，共住了 108 天才回到家。光是核酸檢測就做過 41 次，「全免費，如果要我自己出錢，我肯定是不會做的。」

回家後，被鄰居歧視嗎？她說：「有，大家都躲着她，感覺像身上背了個毒氣彈，很難受。」

一個日本人，只戴個口罩，來到武漢跟大家談天說地，用行動為這個災難城市的人民重建信心。反觀我們德高望重的醫學專家，不是說叫「武漢肺炎」已成習慣，就是把疫情爆發地稱做「犯罪現場」，有時想，我們是不是活得太安逸，安逸到失去了做人最基本的同理心？

香港大學微生物學系講座教授袁國勇日前接受英國廣播公司（BBC）訪問時說：「當日前往爆疫源頭的華南海鮮市場時，市場已完全被清理好，沒有甚麼可看，就像『犯罪現場』（the crime scene）被打亂破壞，讓我們無法確認導致人類受感染的病毒動物宿主，我懷疑官員曾掩飾疫情……」把病毒源頭形容為「犯罪現場」，那第一批染疫的武漢人是不是罪犯了？

原來，病毒不可怕，可怕的是歧視，尤其有識之士牽頭的歧視。

（原刊於 2020 年 7 月 29 日）

踏在一把間尺闊的山路上

每次回娘家，看到那幾條洗到連毛頭都掉清的抹布，我總在問：「幹嗎還不丟掉這破布？上次給你買的毛巾哪裏去了？」

媽總是說：「這布好呢，還可以用。」

這就是老百姓，無論社會多富裕、科技多發達，總有些人，喜歡過着安貧樂道的活，你別妄想改變他們，打亂了習慣，他們反而活得不安穩。

勸我媽換一塊抹布尚且那麼難，更何況勸一個家庭離開他們世世代代居住的山莊、村落和祖屋。

西藏林芝墨脫縣多卡村，是國家深度貧困地區，由於海拔高、垂直跨越四季，地形複雜，這裏的村民基本上是世代貧窮。

我也是看紀錄片，才明白甚麼是「垂直跨越四季」，即是說，一天內，你可以歷盡春夏秋冬。

國家扶貧計劃開展以來，每年寒假暑假，城裏的扶貧幹部有項艱巨任務，就是護送在縣城上學的農村學生回家。這條回家路，開車要走 117 公里，沿途跨越春夏秋冬的風雷雨雪；下車後，再走 10 公里爬坡山路。

這山路，不是我們一般週日爬的山，而是 13 拐來來回回沒盡頭的攀山路。最驚險一段，叫巴隆懸崖路，最窄處，不到 30 厘米，大概一把長間尺的闊度。腳下 200 米，就是水流湍急的雅魯藏布江，一踏錯是懸崖，一踏空就喪命。

國家扶貧幹部原來有項我們城市人想像不到的工作，就是護送孩子回家。你把他們勸到縣城上學，放長假把孩子安全送回父母手中，是扶貧隊對老百姓的承諾。來自廣東的扶貧幹部這天就

領着唸中三的布魯回家，順道作貧困戶家訪。

脫貧，不是一個口號、不是一堆物資、不是幾多個零的捐款，而是一個個深入調查、一次次望聞問切，知道每個村莊為甚麼窮，才能解開世代貧窮的枷鎖。所以，國家這次扶貧計劃最重點一個關鍵詞，叫做「精準扶貧」，要對貧窮對證下藥，才是長遠滅貧的最有效方法。

就以布魯家身處的多卡村為例，他們的窮根本不是耕種問題，不是修路問題，而是先天性地理缺陷，脫貧的唯一方法，就是搬村，搬離這高海拔兼地質不穩定的山區。

經過多次來回村落講解勸說，21 戶山區村民終於願意搬離山區，遷進政府在縣城重建的新村。說服工作一點不易，你以為千里迢迢來幫他，總有人覺得你是麻麻煩煩打擾他。有村民不肯搬村的理由，竟然是：「搬到外面就吃不到自己種的東西，外面買的食物我們吃不慣。」扶貧隊還要當個談判員，挨家挨戶去做說客。

說服了，要搬遷，也不是一件易事。有沒有想過，沒有車的屋怎搬？幾世代的家當，都放到騾子背上，年輕的，一人背一個大衣櫃，用 4 小時才走完那段巴隆懸崖路，中途，還遇上山崩落石，驚心動魄。

扶貧路，跟那條巴隆懸崖路一樣，絕不好走，有人葬身在半途，有人奉獻了最青春的年月。愈看得多脫貧故事，愈發覺我們這種一揚手就有的士的城市人，是永遠沒法明白，國家為國民脫貧打這場硬仗到底有多艱辛。

（原刊於 2021 年 3 月 3 日）

官呀官！

　　這陣子，我忽然想起內地一個年輕的官——感動中國 2016 年度人物秦玥飛。從前，內地人羨慕香港的官公正廉潔，今日，輪到我們羨慕內地的官愛民如子。

　　2005 年，秦玥飛以托福滿分的成績，拿到全額獎學金到耶魯唸大學。2011 年取得經濟學和政治學雙學位後，這個學霸沒留在美國、沒有考進跨國公司，而是選擇回國到湖南衡山縣一個名不經傳的小村當村官，一做，年，工資由最初的 1 050 元，6 年後漲到 1 700 元。

　　村民叫他耶魯哥，第一晚來到小村，悶熱、多蚊，秦玥飛睡得不好，一早起來就跑去洗澡。沒想到，這新官的舉動立即成為村民熱話：「喝洋水的人大概嫌農村髒吧」、「一起牀就洗澡簡直浪費食水」……秦玥飛立即意識到，要做個好官，先要成為村民一分子，於是，從那天起，他減少了洗澡次數，他穿着布鞋逐家逐戶走訪，不抽煙的他也在耳背夾根煙，他還把寫有英文字的 T 恤反轉變成淨色衫來穿……

　　秦玥飛說：「我要了解國家最普通老百姓的生活有甚麼酸甜苦辣，有甚麼喜怒哀樂，然後用自己所學所長，把國家變得更好。」

　　回頭看我們的官，到底有沒有秦玥飛那種用心了解老百姓的心思？

　　朋友說：「剛剛到商店買紅棗，30 元 2 袋，50 元 3 袋，我買了 3 袋，售貨員說多加 1 元再送 1 包梅子乾，於是我用 51 元買了 4 大袋吃的，還加送 1 個環保袋，滿載而歸，本該高興，但

心頭竟泛起莫名哀傷。眾生苦，更苦的還在後頭。」

這陣子，我搭多了的士，吃多了外賣，因為自覺不是受疫情影響的一羣，能消費就多消費，小商戶是香港的命脈，連他們都倒下，小市民的希望將幻滅。

昨天到茶餐廳買外賣，跟店主和顧客聊天：「做外賣至少要2 個侍應 2 個廚子，一晚外賣才得 1 000 元生意，連人工都不夠付，別說租金及食物成本了，點頂？」

抬頭看電視新聞，勞工及福利局局長羅致光說，超市拿了政府的「保就業」計劃款項，要為顧客提供更多優惠……餐廳內登時嬲聲四起。

「超市一向都是先把價錢調高，然後才扮減價。」「生活必需品就抬價，賣唔去的舊存貨咪半價優惠囉！」「超市根本是疫情最大得益者，點解可以拿過億資助？」「根本不應該給大財團，把錢拿來幫中小企、小商戶、失業市民好過啦！」

涉及 800 億元公帑的「保就業」計劃已派到第五批了，因為不設任何申請門檻，錢就像倒水一樣，派呀派，倒呀倒。惠康超級市場母公司拿了近 4 億，百佳和屈臣氏合共取得 2.6 億，還可繼續申請。天天人山人海的超市袋億億聲公帑，辛辛苦苦經營的餐廳頂多拿你幾萬資助然後繼續望天打卦，這就是香港現況。

我想起，早陣子食物及衛生局局長陳肇始接受有線電視訪問，談到禁堂食令時說過一番嚇人的話：「我哋希望好多人可以在家工作，我哋覺得好多人已經在家工作，但後來全日禁堂食，先發現原來有好多人仲要返工。」官呀官，你們幾時才會發覺，原來好多人仲要交租、仲要生活、仲要搵食？

（原刊於 2020 年 8 月 19 日）

在最危難的時候，看到星星……

朋友說，她是長大成人才知道，原來媽媽是喜歡吃雞腿的。

從小到大，每次吃雞，媽媽總把雞腿夾到兄妹倆的碗裏，自己啖着雞胸肉。於是朋友一直認為，媽媽喜歡吃雞胸肉，直至長大才知道，那是疼愛孩子的一種表現，把最好的留給你，自己吃骨吃核吃「下欄」，天下父母皆如是，尤其中國人。

中國式教養，就是把愛藏在心裏，對你好，不用說出來，終有一天你會感受到。

這種教養，對嗎？好嗎？適合嗎？如果國家是父母，香港是兒子，好明顯，這種含蓄的愛已不合時宜，尤其當西方國家天天虛情假意地說「你真棒」，中國式的內歛就給比下去。

回歸 23 年，香港人從沒向國家繳過稅，但我們缺甚麼，國家就給甚麼。

殖民地年代，香港市民要承擔駐港英軍昂貴的軍費，但回歸之後，駐港解放軍守着我們，但開支卻全由國家負擔，香港人一毛錢軍費也不用付。沙士後的經濟低谷，國家用一劑「自由行」靈藥把港人救出苦海；最近香港新冠疫情失控，國家立即派醫療隊來港支援，並給予全港 700 萬市民提供免費核酸檢測。

中國人習慣默默對你好，所以來港的醫療隊也沒敲鑼打鼓，來了就來了，一切盡在不言中。

我忽然想起，曾參與柬埔寨救盲行動的香港眼科醫生周伯展先生說過的經歷。

周醫生多次帶領中國義務醫生團隊到柬埔寨磅湛省，為當地眼疾患者進行免費復明手術。新聞片段見到的志願者，除了一身

白袍，最搶眼就是白袍胸口繡着一面小小的中國國旗。

周醫生說，每次完成手術，為病人揭開眼睛上的紗布時，他們都會指指胸口，然後問：

「看到嗎？是甚麼顏色？」

「紅色。」

「有幾粒星星？」

「五粒。」

對，一個失明人張開眼後第一幅映入眼簾的影像，就是中國國旗，那是多麼感人的畫面。

中國人就是這樣含蓄，他們不會誇張地告訴你「我是某某醫生，是你的救命恩人。」他們只會讓你看一面五星紅旗，讓你記住，救你的是中國人，已經足夠。

所以，當大家傳來香港機場博覽館方艙醫院已準備就緒的相片，我覺得，仍有缺陷。沒有國家的經驗，香港根本建不成這樣大型的方艙醫院，做不成如此快速的全民檢測。所以，方艙醫院每一個房間都應該貼着一面國旗，讓每個睡在這裏的人知道應該向誰道謝，這也是一次機會難逢的國民教育。

愛，即使不說出口，也要貼出來、掛起來，讓所有患者看到，讓全港市民知道，在最危難的時候，永遠是國家在背後扶我們一把。

（原刊於 2020 年 8 月 3 日）

風雪中移動的雕塑

當香港人的手機這幾天鋪天蓋地流傳着反對派頭目被捕、美國國會的騷亂現眼報時，在內地，卻瘋傳着另一段刷屏故事，這故事沒有政治猙獰，沒有暴力血腥，它只有一個冷靜的形容——「移動的雕塑」，已足夠讓國人動容。

那是幾張照片和幾秒視頻，十幾個小伙子冒着大風雪把一車物資往斜坡路上推，後面幾個都跌倒了。物資很重、斜坡很陡、風雪很大、天氣很冷，但人心，卻很熱。

上月中旬，遼寧省大連市爆發新冠肺炎本土個案，疫情持續擴散，更出現了 1 人傳 33 人的超級帶菌者。於是官方展開全民核酸檢測，並嚴控民眾出入活動，學校停課，市內 5 個相關區域全面封管，儼然進入戰時狀態。

大連海洋大學因為出現確診病例，全校即時封鎖隔離，師生只能留在宿舍，不得外出，一日三餐會有專人派送到宿舍，直至隔離期完結。

學校被封管，當然會有人怨聲載道，但也有人積極面對。 17 名來自航海與船舶工程學院的學生，第一時間自發成立了一個「大連海洋大學部青年抗疫突擊隊」，幫忙運送校內物資及餐飲，讓校內 5 000 多師生能足不出戶而生活如常。

大連這陣子的天氣平均零下十四五度，那天還刮起今年冬天第三場大雪，突擊隊如常頂着風雪推着三輪車去送物資。逆風前行，開到斜坡，三輪車車輪一直空轉，走不動了，於是，十幾個小伙子冒着大雪一步一艱辛地推車慢行，每一片墜落的雪花，都為他們增添一份重量。

宿舍的學生從高處俯視只看到一堆雪在移動，有人拍下感動畫面，稱他們為「移動的雕塑」，照片及視頻曝光，大家才知道這段日子原來一直有班年輕人為師生默默送暖。

　　這 17 名隊員，平均年齡只得 19 歲，他們每日清晨五點半起牀，裝卸、配送，在各宿舍來來回回，已成了常態。

　　手機有個紀錄機主每天步行數量的系統，他們的微信運動量是每日 2 萬多步。每天為全校 5 109 名師生發送 12 219 份餐飲，封校至今十幾天，他們已累計運送十多噸物資了。

　　隊員李宗余在微信朋友圈發了一帖媽媽給他的留言：

　　「國家有難，人人有責。你是黨員、學生幹部，一定要有正能量。

　　疫情就在身邊，好好隔離，就是對國家最大的貢獻，別添亂！」

　　另一隊員李瀟陽的爸爸則心疼地留下一句：「受苦了，爹挺你！」

　　這裏沒有怪獸家長，沒有嬌縱孩兒，甚麼叫無負青春，在這 17 個小伙子身上我們完全明白了。

　　少年強則國強，只要國家需要，毫不猶豫站出來舉手鏗鏘有力說聲「到」，這就是青春，我們的孩子甚麼時候才會有這種家國情懷？

（原刊於 2021 年 1 月 8 日）

時鐘，是沒有如果

在沒有派對、不適宜聚會的聖誕及除夕，我選擇到深水埗一間小店訂到會餐，一家人靜靜在家中度節日。

是的，你沒看錯，不是尖沙咀、銅鑼灣，是深水埗，一家叫「1968 Bistro」的小店。光顧它，是由街尾的老字號「新香園」茶餐廳開始。

深水埗有 2 間「新香園」，同一個 50 年老招牌，一間是哥哥打理的老店，一間是弟弟近年才開的新派冰室，因為座位比舊店寬敞，於是去開深水埗，都愛在這裏飲杯奶茶吃件蛋牛治。

今年疫情突襲，是危也是機，市面多了吉舖，租金也下調了，「新香園」老闆決定趁低吸納，今年 7 月，在同一條街租了個靚舖，請來酒店大廚，做起高檔西餐來。

大酒店水準，卻是街坊價錢，老闆說，要做大家都消費得起的好食物。因為這種心態，積聚了不少回頭客，我便是其中之一。

那天看 TVB《東張西望》來訪問，老闆娘說，不能做晚市，就努力做好午市；沒了聖誕大餐，就做聖誕午餐；人要像時鐘，沒得回頭，向前走就是了。

說到回頭，我問老闆娘，有後悔疫情下開了這新店嗎？她說，有些事情，來了就來了，天災人禍沒得怨，全香港全世界都是這樣捱，捱過了又是一條好漢。

這裏沒有將貨就價，這裏全是用心經營，老闆娘給我介紹：這蘑菇湯是逐碗逐碗攪拌的，這意粉是你 order 才煮的，我們不會煮定一大盆，這天花吊燈是老闆自己爬高一串串掛上的，這玻璃貼是他自己左量右度貼了一整夜的，還有這枱，是政府限聚

令一出，他連夜趕工把一張張 4 人枱鋸成 2 人枱，還包了邊，你看，靚唔靚？看不出是自己鋸的吧？

路盡，你怎知不會是柳暗花明？老闆娘小時候住在慈雲山，每天仰望獅子山，原來，苦中作樂向前行的獅子山精神，就是這樣煉成的。

（原刊於 2020 年 12 月 31 日）

白衣戰士

認識石家莊這地方，是在 1938 年，我第一次去北京。

坐的是舊式鐵皮火車，從廣州出發，3 日 2 夜才抵京。印象中，石家莊應該是北京前最後一個停車站。熬了 3 日，盼星星盼月亮終於盼到終點了，於是大家都興奮地打開窗，嗅嗅這最接近京城的石家莊是甚麼味道。

原來，是雞味！一個大叔提着雞籠從我的窗口爬進來，我和幾個女同學驚呼大叫，雞也嚇得拍翼亂竄，雞毛飄滿車廂。

沒想到火車乘客是會從窗口爬進來的，還帶着雞，他一躍就踩上我們窗前的小茶几，甚麼京城憧憬都給嚇得煙消雲散，原來搭火車可以如此粗暴，這就是我的第一個石家莊印象。

好多年後再去，月台已面目全非，每次都是路過，從沒停下來細看變遷。直至最近，因為新冠疫情，石家莊 3 個字再次震撼我的，不再是雞，而是一隻凍傷的手。

因為河北爆發新疫情，石家莊更是疫區，此處立即進入戰時狀態，交通停運，航班取消，全市起動做全民檢測，醫護在零下 15 度的大風雪下，用 3 日完成全市 1 100 多萬人的採樣。為免大量人流在室內聚集，採樣全在室外，結果醫護的手都凍傷了。

網上流傳照片那雙手是「白求恩醫療隊」護士胡淼的，她告訴《中新網》記者，白天工作時並沒在意，直至結束採樣回到室內才發現自己的手「凍成了饅頭」。這裏的白衣，不止是天使，更是戰士，從此聽到石家莊，我不會再想起雞，我會記得好多雙凍傷的手。

石家莊由雷霆封城到完成千萬人的核酸檢測，只需 3 日；香

港 700 萬人拖拉了整整一年，封城強檢仍是遙遙無期。曾經，我以為我們比石家莊先進，今日，我發覺原來我們比西藏還落後。

（原刊於 2021 年 1 月 14 日）

八佰

近期在一些撐警羣組或者藍營朋友之間常聽到這樣的問號：「今年是『抗美援朝』70週年，內地媒體甚至習大大多次提及此段歷史，但其實我完全不知甚麼是抗美援朝？見人家談得風風火火，我又不好意思問……」

藍營尚且如此，所以也不能太怪責年輕人對國家一無所知，因為問題出在教育，我們的教科書實在有太多盲點，沒學，就不懂；不懂，就難有愛。

我小時候是唸愛國學校，抗美援朝歷史都是透過學校的電影活動認識。《上甘嶺》、《英雄兒女》、《鐵道衛士》等主題電影，讓我這殖民地孩子跟國家完全沒有歷史切割。對我來說，鴨綠江不是旅遊景點，是抗美援朝的歷史遺跡。

所以，那天看完電影《八佰》，我就覺得這該是每個香港學生都應該去看的一段中國歷史。

日本侵華期間，有一場悲壯的戰役發生在上海四行倉庫，當時國軍正準備全線西撤，獨留下第八十八師死守上海抗擊數萬日軍。統帥的命令是：能打多久就多久，沒有命令的話，全部要死在這裏。

這隊孤軍死守的四行倉庫，隔着蘇州河對面就是英美租界，蔣介石就是希望藉此引來國際關注及援助。結果，這支孤軍跟日軍苦戰4天，讓對面河老百姓目睹一場以命救國，史稱「八百壯士」。

電影裏並不是個個都視死如歸，他們當中有人怕死、厭戰、想逃。蘇州河對岸的老百姓也不是個個激昂愛國，他們隔岸觀

火、莫不關心。直至那天，大家看着一個個人肉炸彈身綁着炸藥高喊着自己名字籍貫，然後跳落攻堅不下的日軍鐵盾陣去同歸於盡，好多人都醒覺了。

那場死守本來就是政治犧牲，但也是喚醒國民的轉捩點。覺醒很重要，因為覺醒了才會努力守護。正如去年黑暴，我們犧牲很多，但被喚醒的香港人也更多，政治，原來真的很殘酷。

（原刊於 2020 年 11 月 10 日）

憶甜思苦的幕後故事

某夜總會重金禮聘大力士一名，表演首日，座無虛席。大力士拿出一個橙來，用力一揸，然後說：「這個橙已被我搾乾，席中有誰用手再搾出一滴來，我願賠 500 元。」場中走出一個西裝骨骨的斯文人，走上台用手把橙一握，竟然搾出最後一滴，眾人大驚，大力士忙問：「仁兄做盛行？」斯文人曰：「稅務局是也。」

這是資深文化傳媒人黎文卓初中時在報章發表的第一篇投稿笑話，從此，他開始了寫笑話行列，至今寫過的笑話，超過一萬個了。

黎文卓是行內著名「橋王」，由 TVB 的《歡樂今宵》、《笑聲救地球》、《江山如此多 Fun》……到亞洲電視的《百萬富翁》，他都開創了很多電視節目先河。一輩子跟創意打交道，黎文卓腦海的笑話彷彿已渾然天成，跟他吃晚飯，起碼會讓你笑上半頓飯。

許多人覺得這種力量是天賦的，我絕對明白這種功力是要艱苦積累的。你要看好多書、看好多戲、聽好多故事、接觸很多人、嘗試很多新事物，才能把經歷融會貫通創作出有生命力的笑話。所以笑中有苦有淚，才是笑話背後的真實畫面。

最近黎文卓出了本新書《幕後故事》，就是把娛樂圈歡笑輝煌的背後艱辛呈現出來，如一首老歌：懷緬過去，一半樂事，一半令人流淚。

其中有個段子就是笑中有淚，也是我們看電視劇時沒法看到的社會現象：40 年前，黎文卓到蘇州拍西施和范蠡的故事，在河邊找了條木船作背景，拍了一天，給了船家 50 元人民幣，叫他明天再來。誰知翌日，攝製隊一到現場，嚇了一大跳，河邊竟來

了幾十條船，原來，50 元是當地人一個月工資，大家知道有大客戶，整條村的船家都聞風而至。

　　國家改革開放，黎文卓是第一批進內地的影視製作人，由當年遇到的，對比今日看到的，真叫人感慨萬千，一個民族翻天的變化，黎文卓不但有幸看到，還一起經歷，憶甜思苦，笑的背後是淚。

（原刊於 2020 年 8 月 25 日）

定格在扶貧路上的生命

我們常說，香港人不認識國家，是因為大家沒說好中國故事，然而，這故事，該怎樣說？該從何說起？

前天，北京人民大會堂舉行了全國脫貧攻堅總結表彰大會，宣佈「現行標準下 9 899 萬農村貧困人口全部脫貧，832 個貧困縣全部摘帽，12.8 萬個貧困村全部出列，區域性整體貧困得到解決。」

香港人對這些數字不會有感覺，因為這裏沒有貧瘠山區、沒有偏遠荒村，最窮的劏房戶，都會有水有電有 Wi-fi，我們體會不到天地蒼茫，我們明白不了一窮二白。

看扶貧表彰大會，觸動我的不是以上數字，而是習主席這幾句話：

「數百萬扶貧幹部將最美的年華無私奉獻給了脫貧事業」、「1 800 多名同志將生命定格在脫貧攻堅征程上」、「殉職人員的付出和貢獻彪炳史冊，黨和人民不會忘記，共和國不會忘記」……

殉職？扶貧竟然要殉職？實在不可想像。於是，特別去找這些生命定格的事跡來看看。

其中兩個，一個是 23 歲的樊貞子，一個是 28 歲的吳應譜，他們家門前的「囍」字還未褪色，這天卻要貼上白色的挽聯。那新房，他倆只住了 7 天。

2018 年 12 月 16 日，警察在江西修水縣外一條狹窄公路下方水潭，發現死在車內的夫婦倆，變形的車廂裏，仍放着幫貧困戶拿出城售賣的土雞。

樊貞子來自富裕家庭，大學畢業後卻走到偏遠鄉鎮當公務員。好友問她：為甚麼不好好地做個富二代？樊貞子說：「曾想

過輕鬆安逸、不用思考的生活，但又覺得自己應該努力成長，長成一棵參天大樹。」

於是，樊貞子來到江西修水縣，在這裏除了四處走訪貧困戶，還認識了「扶貧老手」第一書記吳應譜。兩個90後，一見鍾情，2年來，分別在修水縣最偏遠的2個鄉鎮工作，手機的視頻通話，就是他們的花前月下。

然後，兩人6月訂盟，11月結婚，12月離世。

新房成了墓穴，樊爸爸流着淚說：「我一度勸你不要去搞扶貧，可你說不支持你的事業，我就不夠朋友。我能拗得過你嗎？爸爸希望，我們來世還做父女，還做知心好朋友……」

於是，樊爸爸為女兒成立了愛心基金，資助那些家境困難的孩子完成學業。他要完成女兒的夢想，他希望有一天能親口再問愛女：「爸爸夠朋友吧？」

這對扶貧小夫妻離世後2年，修水縣正式脫貧，他們曾幫過的貧困戶都搬上新居。

大地無聲，一對年輕生命已化作扶貧路上的新土，他們詮釋了當年在入黨申請書上寫下的使命和初心，「為人民服務」5個字不是說了算，他們用年輕而燦爛的生命來身體力行。

這就是真實的中國故事，有血有肉，不容污衊。

（原刊於 2021 年 2 月 27 日）

奈何橋上，一個光着屁股的富豪

　　有這麼一個奇人，明明可以坐私人飛機，可以享榮華富貴，卻耗盡家財，建了幾十個博物館，買下無數藏品，然後，全數捐給國家。

　　他的名字，叫樊建川，四川商人、抗戰文物收藏家，曾多次入選中國富豪排行榜。

　　這天，樊建川在微博寫道：

　　「我最大的願望，新中國百年百館，將我幾十年收藏的 1 000 多萬件藏品用起來⋯⋯一年一個博物館，一直開到 2049 年，如果我不在，同事們會把其做完。」

　　今天，他的「建川博物館」已開到第 33 間了，多年前他曾這樣留言：

　　「一口氣一條命建成了 20 餘博物館，全部捐給國家，臨終，自己光着屁股去過奈何橋。中間，只有一次後悔，坐朋友的商務機，太方便了，太安逸了⋯⋯」

　　這個樊建川，生於軍人家庭，爸爸是解放軍排長，在抗美援朝一役中，被美軍炮彈打穿臉頰，牙齒全給打掉，幾乎命喪朝鮮。

　　樊建川當過下鄉知青，住在豬棚旁邊，種田挑糞。後來參了軍，被派到內蒙駐守，嚴冬零下 40 度在戶外站崗，甚麼苦都嚐過。

　　1977 年，全國恢復高考，樊建川考上西安政治學院。大學畢業後教過書也當過官，以 34 歲之齡成為當地最年輕的副市長，本來前途無量，但他說：「當官每月工資 200 元，我怕我終有一天會成為貪官。」於是毅然辭官下海經商去。

　　樊建川做的是房地產開發，短短七八年間已成為大老闆，身

家超過 20 億，由 2007 年起連續 4 年入選中國富豪排行榜。

因為爸爸的影響，他一直有收藏抗戰文物的興趣，他說：「抗戰死了 500 多萬中國軍人，大部分連名字都沒被記下。」於是，他開始買地籌建博物館。前半生蓋房子賺錢的他，下半生就用賺來的錢蓋博物館。

幾十年來，除了戰爭文物，他還在全國各地地攤收集了日記、家書，因為當中記載的才是真實生活及真情真意，他說：「歷史不能任人打扮，因為還有如山的白紙黑字。」

他的建川博物館廣場豎着巨型玻璃鋼板，上面印着一個個血紅掌印，每個掌印，都來自參加過抗戰的老兵。他們四處尋訪倖存老兵，紀錄下一雙雙揮過刀、埋過雷、炸過碉堡、投過手榴彈的手印，本來全是印右手，但有些老兵右手沒了，只能印左手。

壯士廣場還有 219 名抗日將士的雕像，毛澤東、蔣介石、馮玉祥、李宗仁、鄧小平……不論立場，不論黨派，佇立歷史大道上。

樊建川常往日本的「靖國神社」跑，他說，靖國神社是他的對手。和中國的博物館不同，靖國神社供奉的死亡日本官兵，很多都有照片和身份卡，完整紀錄了士兵的姓名、年齡、籍貫、部隊和死亡地點，也展示很多日本士兵寫給家人的家書及遺物，有溫情也有思念。作為大國公民，樊建川認為，抗戰博物館不單要展示罪證，還希望彼此能放下仇恨。

看到樊建川的心意，再看我們西九 M+ 博物館的荒唐，我想，為甚麼西九文化區不好好建一個殖民地博物館？為甚麼那裏不好好搞一場 2019 黑暴展覽，讓下一代記住小城曾經歷的野獸一頁？

也許，香港也需要一個樊建川。

（原刊於 2021 年 4 月 9 日）

不健全的記憶，
造就不健全的一代

我好少同一個故事講兩次，不過覺得這人物對香港實在有太多啟發，所以破例寫了個下集。

我要說的，是上星期寫過的一位內地博物館「狂魔」樊建川，他立誓要在國土上興建 100 間戰爭博物館，記住犧牲者的故事，讓享受着和平的後世，知道今日安寧，得之不易。

樊建川說：「一個人要成長的話，你的記憶一定要健全；一個民族要成長，記憶也一定要健全。」

說得太對了，香港今日出現的問題，就是沒了過去的記憶，或者，是記憶不健全，只死記了一小段，卻完全忘記甚至不知道最重要最動人心弦那段苦難與犧牲。

樊建川至今已建了 33 間博物館，包括有：「川軍抗戰館」、「中國壯士羣塑廣場」、「抗戰老兵手印廣場」、「援華義士廣場」、「侵華日軍館」、「國家地震館」、「戰俘館」、「漢奸館」、「鏡鑒館」、「援華美軍館」等，這些館，讓歷史有了血肉，讓來者學懂感恩。

本來一個百億身家富豪，卻為建博物館省吃儉用，平日穿幾十塊錢的衣服，吃十幾塊錢的路邊攤，妻子對他放棄搞房地產轉而建戰爭博物館的行為，不太認同，曾勸他三思，樊建川卻說：「四川有幾千家房地產開發商，少我一個沒關係。中國有 13 億人，12.5 億人都應該過自己平淡的正常生活，但有一部分人應挺起脊樑，敲響警鐘，去做犧牲，我就想做那個敲鐘人。」

這個世界，總是需要有些不怕死不怕窮不怕惡不怕危險不怕

失去的傻人，去為社會敲警鐘。因為太平盛世、生活舒適，最容易讓人忘記苦難。

香港人在過去的復活節假期不能外遊，惟有逼爆離島。遊走在大嶼山沙灘上、閒逛在小島陌巷間，可有想過，那裏曾經有過一幕追捕游擊隊的鬼哭神號？

1945 年 8 月 19 至 26 日，侵華日軍曾在大嶼山血洗銀鑛灣，他們藉詞搜捕游擊隊，逮捕了 300 多名村民，向他們施以極刑，洗劫當地商舖，焚毀大量民居，斬殺 11 名村民，當地一名長老就在銀鑛灣畔被日軍一刀身首異處。而重點是，那年 8 月 15 日，日本已宣佈投降，但民間殺戮並未終結。

這些歷史的相關人物，有些仍然在世，但政府卻沒好好地作紀錄，一直只靠坊間零星一些學者在奮力搶救。

瞿秋白說過，人愛自己的歷史，好比鳥愛自己的翅膀，請勿撕破我的翅膀！

香港下一代出現問題，就是因為他們的翅膀早被撕毀。愛國，不能靠一見鍾情，要靠歷史的積累。小島經歷過抗戰、經歷過殖民地，卻沒有專館去紀錄保存，實在愧對先烈，愧對歷史。

（原刊於 2021 年 4 月 12 日）

第四章

這是一場熱痱革命

黑暴思維的延續

從前，有種罪行叫「衰十一」，此等罪犯入到監房，人人鄙視、個個喊打。

「衰十一」意指「與未成年少女發生性行為」，因為罪行有 11 個字，讀來太長，所以簡稱「衰十一」。

日前有宗「衰十一」新聞，演藝學院榮譽畢業生、現職舞台劇導演及演員的黃嘉威，於 2014 年至 2018 年的 4 年間，以拍攝網站少女照為由，先後誘騙 4 名 13 至 16 歲女童到賓館拍裸照、性侵甚至性虐，並以隱蔽鏡頭拍下與受害人共浴過程，被控「對 16 歲以下兒童作出猥褻行為」、「製作兒童色情物品」、「與 16 歲以下兒童進行非法性交」及非禮等 18 宗罪，判監 7 年半。

法官展示最年幼受害人、13 歲女童的創傷報告，指她如此年幼就被恐嚇作洩慾工具，令她心理嚴重受折磨，青春期被毀，對自己及外界的觀感扭曲，至今仍活在恐懼及羞愧中，需要接受心理治療。

摧毀女童的禽獸，在從前的香港，肯定被千夫所指。然而，道德扭曲的今天，竟有 109 人為「衰十一」的黃嘉威向法官求情。

4 個女孩的青春被毀，沒人為她們叫苦；淫人的禽獸被控，卻有 109 封求情信為他說好話。難怪企業家湯文亮先生在專欄建議：應該公開那 109 封求情信是誰所寫。

是的，因為黃嘉威除了搞舞台劇，還在中學擔任戲劇導師，所以市民有權知道，求情者當中到底有沒有校長、教師、學者、名人、官員……，因為當他們遞上求情信，就是這種「衰十一」的支持者。

持續 4 年對 4 個女孩性侵，絕不會是一時衝動，更不可能是被陷害，你認識他、欣賞他、認同他，就可以對他的罪行視若無睹？我覺得，這種心態，或多或少是黑暴思維的延續：只要是同路人，你犯甚麼法我都撐。

這是一種危險的思潮，大家只問立場，只問關係，不問是非。109 封求情信反映了這心態，近日阿布泰國生活百貨的「買爆」行動，亦是一樣的思維。

日前海關搜查「黃店」阿布泰國生活百貨 25 間門市及倉庫，檢獲逾 8 000 件涉嫌無貼上警告標籤的產品，於是引發黃絲瘋狂反擊，認為海關刻意打壓，呼籲黃人「去阿布泰買爆」撐黃店。

姑勿論「阿布泰」是甚麼顏色，問題是它賣了違規商品，你去光顧，就即是支持商戶違法。正如黑暴心態，只要是手足，把人擲死都是對。

以上 2 宗新聞都有個恐怖共通點，就是仍有這麼多人公然撐犯法者，這跟黑暴是一脈相承的。香港之爛，爛在制度，更爛在人心，修復路漫漫啊！

（原刊於 2021 年 4 月 4 日）

這是一場熱痱革命

今日壹號頭條大新聞是：爆眼女原來沒爆眼！

根據《東方日報》頭版報導，2019 年反修例事件的「革命圖騰」爆眼女，原來已於去年 9 月離港赴台，人家雙眼完好容顏標致，這叫天天捂住一邊眼大叫「光時」口號的支持者情何以堪？

早陣子法庭上已有網名「金正恩」的地盤工承認虛構「警察新屋嶺性侵」故事，今又有報紙圖文並茂揭破爆眼女謊言。其實，昨天亦有一革命神話破滅：坐監不會令人生更精彩，只會令人生熱到爆。

天文台昨日錄得氣溫 36.1 度，是有史以來最熱的 5 月天。

曾因佔中案入過獄的中大教授陳健民在臉書分享他在獄中的酷熱經歷：「我住的監倉位於頂樓，在 30 多度艷陽下暴曬，本來就是一個蒸爐。但那天收工回倉時，熱到連呼吸也有困難。暴曬下的密封環境產生溫室效應，我看見囚友們都如鍋上螞蟻……」

陳健民呼籲大家齊來參與網上聯署，要求改善監獄酷熱問題，為獄內手足爭權益，據說，33 小時內已徵集簽名逾十萬，香港信邪教的人還是挺多的。

因為這陣子天氣悶熱，探監的人回話，都說獄中一眾大佬細佬熱到阿媽唔認得，何俊仁「憔悴落晒形」，尹兆堅全身「出熱痱」……

還以為是甚麼火烙刺青的十大酷刑，出熱痱而已，如果關掉風扇，再熱他幾晚，看來甚麼都會和盤托出。革命喎，連丁點熱都耐不住，別說拋頭顱那層次了。

所謂十萬聯署向懲教署提的要求就更可笑，包括：

一、容許家屬帶入退熱貼、便攜電風扇、太陽油、太陽眼鏡；

二、監獄提供冰水及增加洗澡次數；

三、監房頂層及外牆鬆上隔熱塗層，倉內增設強力抽風設備。

太陽眼鏡、太陽油、飲冰水……好明顯，他們真的以為自己在渡假。要不要來個 Spa、弄杯沙冰、嘆住冷氣讓你點首歌？

坐監熱是常識，冬天冷夏天熱是懲罰的一部分。況且監獄不是今天才存在，酷熱天氣也非今日才有，特首、富豪、明星、大賊都是這樣過。香港監獄全是港英年代建成，如果你們說不人道，即是譴責英國佬不人道。

其實，黃絲應該是最能耐熱的。還記得 2019 年那個夏天嗎？酷熱警告下，大家一律黑衫黑褲黑口罩黑面罩由頭包到腳，還有頭盔、護甲，全身 full gear 穿到糉一樣，又跑又跳又放火，他們只覺光榮不覺熱，更沒聽聞有人生熱痱。

反而今天，赤身短褲乜都唔使做、坐定定喺度，吹着赤柱海風，卻呻熱？實在莫名其妙。

阿媽教落：心靜自然涼。我就教黃絲：不犯法，一定涼，還可回家嘆冷氣㗎！

（原刊於 2021 年 5 月 24 日）

尋找他鄉呻笨的故事

有過出國經驗的人都知道，在外國出入境遇到的關員嘴臉，一般不太好看。樸克臉是正常，審犯式問長問短是倒霉，有笑容你要就買六合彩了。

因為無論海關還是移民局，他們都不是跟你做公關，而是為自己國家緊守大門，所以遇有懷疑，無情質問，在所難免。

這天，在英國倫敦希斯羅機場就出現這幕連珠發問，被審問的當事人是要轉機往曼城的一家黃絲，而查問他們的卻是一名英國黑人海關關員：

為甚麼入境前僅僅預定 2 週 airbnb，之後要往哪兒？

你是否已賣掉香港的住所，6 個月內不會回港？

太太何時辭職？之前工作的公司是香港公司還是外國公司？

距離第二日早上轉機還有很長時間，晚上住哪？

帶着 18 歲以下的孩子，要確保孩子安全啊，為人父母難道不應該負責嗎？

你們幾十萬人湧入，我們國家消化不了……

最後一句，不是問號，而是感想，趕着移民的香港人，原來已成了別人眼中的蝗蟲了。

近日，許多選擇移居英國的黃絲在社交平台大吐苦水，以上帖文，只是其中一則，當事人申訴被英國海關不禮貌盤問，「寸到爆」、「完全是種族歧視」、「塊面好黑」、「不斷話『我未講完唔好出聲』」……

香港人真是被寵壞，老實說，那些提問，不算針對性，但那黃絲已忍受不了，真不知他們以後怎活下去？在英國、在白人社

會，類似或更嚴重的白眼歧視可多着呢！

又有一則帖文，反映黃絲的奇怪心理：

「一家四口，元旦日平安入境倫敦，住諾定咸 B&B 已 7 天，找屋租完全沒辦法。望求各位指教。」

一家人連根拔起遷移他鄉，事前沒計劃的嗎？如此「無鞋挽屐走」，肯定身有屎。

還有一則帖文，看到移民者的天真爛漫：

「麻煩大家我想問下，英國醫院用唔用到香港嘅「醫健通」？因為我在香港有政府病歷，想在英國睇醫生。如果沒有，可以點處理？」

大家有聽過一個國家與另一個國家的國民有病歷互通這回事嗎？還是，這位仁兄真的以為香港仍是英國統治的？

最近，社交平台出現很多移民專頁，有「逃走他鄉互助會」、「英國圍爐取暖」、「BNO 走佬到英國」、「英國移民走佬分享站」等等……都是一班準備離開或已經抵埗的移民者互通資訊的地方，由分享經驗，到開始有怨言苦水了。

好多年前，我們看過一齣口碑很好的電視紀錄片《尋找他鄉的故事》，講述遍佈世界各地中國移民的艱辛。我相信，不久將來，應該夠個案再拍另一齣 ——《尋找他鄉呻笨的故事》。

（原刊於 2021 年 1 月 20 日）

為甚麼我們活得像地下黨？

常聽到有人問：到底有幾多人支持黑暴？我不敢說，但可以肯定的是，好多人都害怕黑暴、害怕黃絲。

在茶餐廳，當電視播着黑暴打砸的新聞片，你絕少聽到有食客夠膽高聲批評；相反，如果電視播的是特首記者會，一定會有食客大大聲用粗言問候螢光幕裏的高官。

在公開場合討論黑暴，總有朋友環顧四周然後提醒你：「小聲點，別激動！」又或者在友儕聚會時，遇黃絲朋友大講歪理，大家會自動自覺讓他三分，甚至忍氣吞聲轉移話題。

因為，黃絲從不掩飾，而藍絲和正常人卻一直忍讓。

這一年，我看過最痛心的畫面，就是警局內一輛輛沒車牌的私家車。有次到警署找朋友，車泊好，一熄匙，人未下車，清潔阿姐已經把我車前車後兩個牌用白布套好。黑暴以來，所有警局的私家車車牌都會被遮蓋着，因為暴徒會用高位把警局停泊的車輛全部拍下來，再逐一用車牌號碼查出車主資料，起警察底。

黑暴的恐怖，除了形式上的暴力，還有網絡暴力。一言不合，他們就會把你的私隱公告天下，把你的個人資料家庭資料貼通街，然後再用網民力量公審你、轟炸你、抹黑你、醜化你。很多人怕，很多人對黑暴噤聲，都是因為過不了這一關。

明明理虧的是他們，明明已是執政者，但我們卻活得像地下黨一樣。人家黑絲帶、豬胸章、蛙背包……統統光明正大拿出來，我們也有很多撐警紀念品，但大家只敢放在家收藏觀賞。

有次我穿了件督察會贈送的 Polo 恤出街，朋友幾乎要拉我去買件新衣服換上。她說：「你穿這種衫會給人打死的。」甚麼

世界了？香港不是全世界最自由的城市嗎？怎麼淒涼到連穿衣自由都沒有了？

早陣子有一幕搶劫讓人很寒心，一名男子在大圍火車站被 2 名兇徒劈了十幾刀搶去價值 27 萬的勞力士錶逃去，那幕浴血劫案，有途人用手機拍下，我驚訝的，不單是當街當巷的血肉橫飛，更是街上路人的視若無睹。

因為那 2 名兇徒都是穿黑衣黑褲戴黑 cap 帽，路人第一直覺，就是黑暴。對待黑暴，當他們透明好了，千祈不要做「架兩」、不要多事、不要喝止、不要舉機，直行直過當沒事發生，便保你平安大吉。甚麼世界了？我們已由害怕變成冷漠。

前幾天，黃之鋒被政見不同的街坊追罵，他氣上心頭，回去就用一貫黃絲起底手法，拍下罵他街坊所開的車，然後用車牌起了車主的底，再放上網公審。一個公眾人物，竟然把政府的公開資源公然變成自己發泄私仇的起底武器。

對付這種卑劣的起底風，政府應該殺一儆百，就拿黃之鋒來開刀吧！他違反了政府「車輛查冊」用途，亦觸犯了私隱條例，應該把他重判再貼在城門示眾，才能起阻嚇作用，才能把起底歪風撥亂反正。

（原刊於 2020 年 8 月 26 日）

搏了一世，終於到了失手的一天

日前，壹傳媒老細黎智英再度上庭，被加控違反《港區國安法》的「勾結外國或者境外勢力危害國家安全」罪。上庭前，媒體拍得黎智英腰纏鐵鏈的照片，許多市民廣傳並留言說：這是近年香港最美麗的風景線。

我曾在壹傳媒工作，黎智英是我舊老闆，更是我的伯樂，他對我的提攜、對我的疼愛，甚至到了偏心地步。我用我的工作表現回報了他，離開後，沒拖沒欠，但他仍然是我遇過最梟雄的老闆。所以，當看到他被五花大綁的下場，我沒有喜悅，倒是有點傷感。

藍營一聽會罵：黎智英配不上「梟雄」二字！那是因為，你們對他不認識。為甚麼美國佬選中他？為甚麼他能號令黃天下？一定有他過人之處。

當年他以一個「廠佬」身份，賣掉佐丹奴，全身投入他完全不認識的傳媒行業，自嘲「唔識字、無讀過書」，卻能招攬業界最精英的人才到他麾下俯首稱臣，像孫悟空一樣打破一切傳媒桎梏，今天新聞界哪一個不是跟他那套再發揚光大？

當然他為傳媒甚至整個社會帶來的負面影響也是摧毀性的，一個人可以帶領各行各業精英逐步把一個繁華小鎮蠶食成人間煉獄，你能說這人不屬害嗎？

有人又會說，有幾難？有錢使得鬼推磨，那又錯了。你試試開張支票給李柱銘、陳方安生，看他們睬不睬你？金錢、手段、能力、魅力、真心、誠意……一個邪教，需要一個集以上特質於一身的教主，黎智英當之無愧。

很多人以為他只是個小學畢業的老粗，他確實滿口粗言，但

其實他很好學，看很多書，很深的書，他可侃侃談海耶克（諾貝爾經濟學獎得主），又可跟你分析齊白石畫作……草根，只是他要跟社會貼近的包裝，他時刻裝備自己，卻鼓吹大家看懶人包。

他不是只顧大灑黑金，而是幾十年細水長流地買下人心。看前特首梁振英先生在臉書貼出來、那 49 項由 2006 年到 2014 年黎智英手下 Mark Simon 跟反對派政客的黑金交易，我想起當年簽過的一張單。

那時我仍是《壹週刊》副總編輯，有次老總放大假，找我代他幾天，因為只有老總才可以簽 5 萬以上的現金支票，所以那幾天我看到了一些奇怪的數。

一個叫「梁國雄」的人以時事組線人名義，拿了 9 萬現金的線人費，於是我問會計部：「這是長毛？他幾時做了我們的線人？」

會計主管說：「你照簽吧，張生一直都是這樣簽。」張生就是當時老總，也是今次案件其中一個被控串謀欺詐的壹傳媒行政總裁。

當時長毛還未當立法會議員，只是常常抬棺材去新華社，我那時不覺一回事，只是心想：抬抬棺材就月入 9 萬，真好搵。現在回頭看，原來一切都是深耕細作。

聰明一世，為甚麼黎智英沒料到今日下場？早早一走了之？我想，該又是他的梟雄性格所致。壹傳媒有筆錢，是專門預算來打官司的，黎智英一直鼓勵下屬不懂法律，做新聞踩界又何妨？衝吧，我有大把錢挺你！

梟雄總是死於自信，黎智英每一場博奕都是險中求勝，搏了一世，終於到了失手的一天。

（原刊於 2020 年 12 月 14 日）

走・狗

看到這新聞，只想到兩個字：走、狗。

走吧，狗！

走狗，走吧！

雞飛，狗走。

一起走，我的狗！

事緣，這天有報導說，香港浸信會聯會會長羅慶才以個人理由宣佈辭任會長一職，他說，因為「對香港社會環境的轉變唔太接受」，故決定移民英國，在蘇格蘭愛丁堡過新生活。

作為香港一個大教會的領導人，羅牧師走得很不負責任。他自爆，是在上機前一分鐘才向浸聯辭職，原因竟是：「一直有留意飛往英國的航班，惟期間沒有可帶同狗隻的機位。直至昨晚有一班航班容許帶狗，於是便立即與太太及狗狗一同起程。也許有點兒戲，離港日期竟由家中寵物決定，但實況確如此，也許這是上帝的幽默。」

是的，相信上帝想讓信徒看清，這牧羊人的狗面目。手足們，會否覺得人不如狗？這些曾經在你們暴亂路上拍掌鼓勵、送水問暖的人，今天，丟下手足，抱起愛犬移民去，快將 70 的他，說要找尋「新開始」，但剛滿 20 的你們，人生卻就此玩完。

羅慶才牧師抵英後發文，說離港唯一原因，「是香港自由收窄，連溫和人士也被監禁。」

我一直覺得教會牧師都很會講道理，沒想到堂堂一個大教會領導人說話竟如此強詞奪理。

「連溫和人士也被監禁」，這句話有很大邏輯問題。溫和人士

不是因為他的性格溫和被監禁，而是因為他犯了法才被懲罰。法治是，不會因你兇狠還是溫和而定罪，而是因你犯法而判刑。所以，只要你犯法，無論你是多溫和的牧師，一樣要受法律制裁，這才是法治真締，你移民去的英國也是這樣。

到底羅慶才怕甚麼？我們能看到的，就是他在 2019 年支持黑暴、反對逃犯條例修訂。在《國安法》實施後，仍公開發文指「法例改變『一國兩制』，由北京『實質地操控』香港，摧毀香港行之有效的司法制度，剝奪港人言論自由⋯⋯」「生活在自己的土地上，卻要聽命於他人，這是很難接受的。」

至於我們沒看到的，譬如他在黑暴期間有否協助犯罪？《國安法》生效後有否實質的賣國行為？就不得而知了。畢竟，如此丟低兄弟不辭而別「無鞋挽屐走」，這種人絕對「身有屎」。

他說：「有點『逃兵』的感覺，內心不無愧疚，惟有盼望上帝會按着我的軟弱，於我有憐憫，鑒察我心，按我的軟弱來審判我。」虧他還好意思把上帝扯落水。

我沒宗教信仰，我不知這世上有沒有上帝，我只知道，這種人，天必譴，審判很快降臨，等着瞧。

（原刊於 2021 年 4 月 25 日）

三年後⋯⋯你邊位？

問問大家：你上次在螢光幕見到長毛是幾時？他在做甚麼？

又問大家：還記得有個叫陳偉業的人嗎？綽號「大舊」的他，還「大舊」嗎？抑或更「大舊」？

再問大家：當年觸怒全球華人、以港獨標語和「支那」口吻在立法會宣誓的梁頌恆和游蕙禎，從政治新星變成過街老鼠之後，哪裏去了？

人走茶涼，政治的茶更是涼得特別快。

你能呼風喚雨、你說話有人報導，是因為身後那個有權有勢的議員身份。黃毓民在議會大聲鬧人成為哄動新聞、成為每分鐘滾播的 sound bite，但他現在用同一聲量繼續鬧人卻沒有半點影響力，分別在於，你已不是手握權力的議員。

所以，當楊岳橋、郭榮鏗、郭家麒、梁繼昌 4 議員被一招 DQ，其他 15 議員攬在一起跳崖辭職，終於證實反對派的政治智慧原來只得零。

19 個立法會議員少賺 8 700 多萬的數目已有很多人給他們算過了，在此我不多贅。錢可以另找金主支撐，但政治能量及社會地位，卻絕不能輕易重建，當年「威」盡全球的游蕙禎就是最好例子。

游蕙禎 2016 年參選立法會選舉，以政治新星姿態打敗自己陣營的政壇老手黃毓民，燒盡沙塵老貓的鬚，成為香港政治史上最年輕的女立法會議員，風頭一時無兩。

在天堂走了一圈之後因為被 DQ 瞬即墮進地獄，被褫奪議員資格後政府要向她追回近百萬預支的薪酬欠款，又因為強闖立法會被判監 4 星期。游蕙禎在訪問中自爆，有次在荃灣想買 iPhone

線，有街坊拿着手機一直尾隨大叫「支那妹」，她不理會直接進店，誰知一入舖頭就被店主趕走。

3 年後，有位民建聯區議員用了游蕙禎相片作 Telegram 頭像，黃絲紛紛炒作說建制派盜用游蕙禎身份，但真相原來更殘酷。

當事人說，選用游蕙禎照片的原因是：「在網上見到這女仔幾靚女，所以隨手拿來就用。游蕙禎？咁耐無新聞，點認得？」悲哀是，短短 3 年，連對手都把你忘掉。

還有 2 個名字，姚松炎和劉小麗，當年風風火火天天上頭條，今日看了名字，大家會否呆一呆：個名好熟，邊位？

政治是很殘酷的，當你失了權、失了勢、沒了價值，就一文不值。低級調查員沒了議員身份，還可以做甚麼？葉建源回去教書，有學校敢請他嗎？

這 19 個捆綁在一起跳崖的人明顯在自絕後路，今日離開了，即是擺明車馬對抗中央決定，即是不會擁護《基本法》、擁護國家及特區，即是永世別旨意再參選再做議員，即是政治生命正式終結。

玩政治最怕的不是被罵而是被忘記，感謝你們的自殺式攬炒，讓香港的垃圾議員比新冠肺炎更快清零。

（原刊於 2020 年 11 月 13 日）

樹倒猢猻散之後

近日香港的關鍵詞是：「愛國者治港」，我本來不想談，因為實在沒甚麼可演繹，這 5 個字，清清楚楚，就像「阿媽係女人」，還要闡釋嗎？還要討論嗎？

可惜，今日香港就是反智，連「阿媽係女人」都可以爭拗成一篇論文。聽四方八面把「愛國者治港」剝皮拆骨，我也來湊個熱鬧，談談我理解和擔憂的「愛國者治港」。

為甚麼說「擔憂」？因為自從港澳辦主任夏寶龍提出這治港者門檻後，大家都預計到未來的政治藍圖 —— 黃色、黑色，將絕跡於權力光譜。然而，是否紅色就能成為治港者？香港有這麼多紅色人才嗎？

經歷 2019 年黑暴、2020 年瘟疫，我覺得，「愛國者治港」5個字，其實還蘊含一些弦外之音的形容詞，就是：有能力的愛國者，有熱忱、有擔當、有勇有謀地治港。

今天反對派樹倒猢猻散，躲的躲、逃的逃、踎監的踎監。中央一出手，基本上已把他們解體了，問題是，剩下的局面，建制派擔得起嗎？

夏主任一句「愛國者治港」，很多人打從心底樂起來：以後還不是我們的天下？

我擔憂，新政治環境會否令建制派帶來一番爭櫈仔的矛盾？甚至以為是守得雲開見月明的分餅仔遊戲開始了？

老實說，回歸 24 年香港就爛成這樣，反對派固然罪無可恕，建制派也有責任。如果建制派思維不變、方法不變，手執江山又如何？中央給你一手好牌，一樣可以打爛打輸。

香港不是沒人才，只是建制派一直用錯方法，滿腦子選舉，一味攻選票，不是攻人心。其實換個角度想，能攻下人心，選票就是囊中物。

黑暴之後，好多香港人都討厭反對派，問題是，建制派的招牌能招攬天下賢士嗎？

太平日子，說愛國易；黑暴時期，才見真章。今日跳出來說愛國的，當日黑暴期間，幾多站在最前線愛這個國、守這片地？

如果愛國就可以成為治港者，中國 14 億人都可以勝任。所以，愛國者治港的潛台詞，是有能力、有擔當。政治沒有天才，管治者要經過磨練、下過苦功、打過仗、中過箭，才能勝任。不是簡單一句愛國，就能治港。

（原刊於 2021 年 3 月 10 日）

哭泣之城

昨天，很多人哭。犯人欄內的罪犯哭，旁聽席的家屬哭，低頭紀錄的記者哭，陳詞中的大狀哭……

庭內庭外，愁雲慘霧，有人暈倒、有人呼天，有人頓地，視頻中的一個女人，刻意跑到記者堆，仰天長嘯：「法治已死！」然後蹲在地上乾哭嚎叫十秒，再由旁人撐扶離開記者圈。這幕哭叫，好明顯，是給記者拍攝交差的彈藥。網民嘲諷：「喊到咁，唔知仲以為判了死刑！」是的，不過是不獲保釋而已，這樣的戲，太浮誇吧？

作為觀眾，我覺得所有眼淚，都不專業。

周星馳《喜劇之王》有句經典教人做戲的對白：「根據俄國戲劇理論大師史坦尼斯拉夫斯基的說法，演技應該是從外到內，再由內到外咁反映出來的。」

所以，悲劇要有內涵有故事，才能賺人熱淚。正如我每次看武漢的空城、看醫護的揮拳擊掌、看軍人連夜赴疫區、看志願者印指模請戰、看老人捧着積蓄到醫院捐獻、看不添亂的老百姓躲在家中陽台揮手……每一幕，都沒有淚，但每一幕，都讓人熱淚盈眶。

這幾天，47 名因發起及參與「攬炒 35+」立法會初選而觸犯《國安法》的反對派，就保釋問題一直在西九龍法院作馬拉松聆訊。眾人搬出各式各樣的求情理由，有人挖開瘡疤說童年淒酸，有人誇張到要為法官摘天上星星。案都未審，罪都未判，只因幾日沒洗澡，已哭得天崩地塌，如此革命，難怪一敗塗地。

我想起，我一位中學大師兄的遭遇，他名叫曾宇雄，他在

1967 年放學途中被捕，緣起，是幾個同校同學在學校附近被警察搜書包，剛放學的曾師兄和一班同學跑過去看個究竟，就無辜被捕，以非法集結的罪名判刑一年，那年，他 16 歲。曾師兄說，這次放學放得真久，一年後才回到家。

　　1967 年的反英抗暴事件大家時有所聞，但像曾師兄那種冤枉入獄的案子，坊間記之甚少。一個少年人，放學而已，身上沒傳單、沒武器、沒違禁品，只因身處警察搜身現場，就被捕。為了對抗不公義的審訊，曾師兄不認罪、不辯護、不保釋、更不流半滴眼淚，甚麼是英雄硬漢，甚麼叫為信念而戰，54 年前少年犯的歷史讓今日的所謂抗爭者無地自容。

　　革命從來都不是請客吃飯，找數的時候到了，就請乖乖埋單，我們無辜市民吞下眼淚和怒氣整整 2 年了，是時候，輪到你們感受傷痛。

（原刊於 2021 年 3 月 5 日）

佔領監房，正式開始

2021 年 1 月 6 日，吉日，通勝顯示，此日福神位於正北方。

托北大人鴻福，由全國人大通過的《港區國安法》，終於發揮雷霆效用。由凌晨至整個早上，50 多名違反《國安法》的嫌犯一個一個「落鑊」，連幫手做民調的鍾庭耀、鍾劍華也牽涉其中，幫手做文宣的《立場新聞》、《蘋果日報》、《香港獨立媒體》等黃媒也要協助調查，50 多人齊齊整整在監房跟金主黎智英會合，套用戴耀廷「佔領中環」名句：佔領監房，正式開始！

據悉，這 50 多人是因為參與去年 7 月中的「立法會 35+ 初選」，涉嫌觸犯《國安法》被捕。

或者，我們先簡單回顧一下他們的罪狀：

為了使超過 35 人（35+）當選立法會議員控制過半數議會議席，戴耀廷去年曾在《蘋果日報》撰文，提出「攬炒十步」的終極目標，我姑且列出他們最激的最後 4 步棋：

第 7 步——「2021 年 11 月，立法會再次否決《財政預算案》，特首辭職及特區政府停擺。」

第 8 步——「2021 年 12 月，全國人大常委會宣佈香港進入緊急狀態，中央政府把國家安全法直接適用於香港，解散立法會、成立臨時立法會、下屆特首由協商產生，大舉拘押民主派領袖。」

第 9 步——「2021 年 12 月後，香港社會街頭抗爭變得更加激烈，鎮壓也非常血腥，港人發動三罷，令香港社會陷入停頓。」

第 10 步——「2022 年 1 月後，西方國家對中共實行政治及經濟制裁。」

無須多贅，這幾點足以完美演繹甚麼是奪權叛國。

當然，他們又會說：「這是以言入罪」，想問問，如果你寫張「我要打刼」的紙仔遞給銀行職員，是打刼？還是以言入罪？

　　況且，戴耀廷的十步曲還有詳細而血腥的解說：

　　「與其被當權者逼到崖邊跪地求饒，不如主動反撲，把他也拉下崖，看哪一個在跌出懸崖後仍能死裏逃生。」

　　「到第十步，我們已攬着中共一起跳出懸崖……十步以外的世界或許是香港和中國的新開始……你想見到一個新的世界嗎？來吧！加入這抗爭，去為你的自由去爭戰吧！」

　　看完，大家覺得跟去銀行遞「打刼」紙仔或者在月餅藏着起義約定有甚麼分別？好明顯，這 35+ 行動，就是一場政變。

　　如今，35+ 不成功，變成 50+ 齊落網，就是一場失敗的政變。歷史告訴我們，失敗政變的下場，從來不是喪命斬頭就是踎監流亡，沒有其他。

　　鼠年將盡，今年鄉議局主席劉業強為香港求得車公靈籤是最佳總結：

　　人生何在逞英豪，天理人情只要公。

　　天眼恢恢疏不漏，定然作福福來縱。

（原刊於 2021 年 1 月 7 日）

瘀血

對付瘀血，最直接快捷的方法，是紮根針下去放血。因為瘀血會阻塞關節，會影響循環，所以要在瘀血結成塊狀之前，及早處理、盡快處理。

黑暴之後，香港有班比較有經濟能力的中產，本來有樓有車有工人有份收入不錯的工，孩子唸名校，平日學琴學畫學奧數學跆拳，生日要吃 Lady M 蛋糕，一放假就飛外地旅行，自駕遊、住 Resort……然後，忽然覺得，自己活在暴政下，抖唔到氣，有窒息感，為了孩子，忍痛辭工賣樓移民去。

這種人，我只能贈句：好行夾唔送。

我經歷過九七，所以我明白，有人移民可增加社會流動速率。那時候，各大機構都有中高層員工移民，於是製造大量中高層空缺，公司內有能者迅速升職上位，移民急售的減價樓盤，也令上車一族執到平貨。能者有職升，居者有屋住，移民潮的正面作用，九七前我們已嚐過一遍。

沒想到，最近又有新一波英國移民潮，不同的是，這批人的離開，除了為大家增添職位空缺及可以執平樓外，最重要，他們都是社會上充滿負能量的人。他們天天抱怨生於亂世、活於暴政，國家對他好他說你想收買我，國家批評兩句他說你打壓你滅口，吃着和牛喝着波爾多佳釀說沒有將來，這種負能量，早走早着。

正如跌傷積存在關節的瘀血，它是身體看不見的內傷，不盡快清除，就會結成硬塊，阻塞經絡，太遲醫治，甚至會影響活動能力。負能量瘀血要跳船要移民，我們正常人都拍手叫好，香港太擠，清一下人口，未嘗不是好事。

（原刊於 2021 年 2 月 4 日）

被捕是幸運，逃脫才是詛咒

種瓜得瓜，甚麼樣的父母就會教出甚麼樣的孩子。

去年 8 月因參與黑暴畏罪潛逃偷渡離港的 12 港人，日前正式在深圳鹽田人民法院宣判，2 名未成年犯因有悔罪表現，法院按例不予起訴，直接押解回港；其他 10 人則因越境或安排越境罪被判監 7 個月至 3 年不等。

12 人的家屬一直以來不斷蒙口蒙臉出來投訴這控訴那，罪犯家屬如此高調無賴，世間罕見。

被判 7 個月的鄭子豪，其父親仍相信兒子只是出海釣魚，他說：「無論判 1 日或者 7 個月，他坐的每一日監都是寃枉。」

30 歲被判 7 個月的李子賢，他媽媽在記者會中開口閉口還是「小朋友」，她說希望能回內地探監，並向內地當局提出探監要求：包括安排家屬做完檢測後毋須隔離 14 日，本來一個月可探 3 次的規矩，因為她們要上上落落不方便，改為連續探望 3 日。

被判 3 年的偷渡「蛇頭」鄧棨然弟弟說，他們找香港政府和入境處幫忙往內地遞交信件文件，原來沒有特殊處理，跟他自己找順豐速遞沒分別，這個政府有甚麼用？完全幫不到家屬……

還有一罪犯黃偉然媽媽說，收到自稱官派律師的人打電話來，但她們根本沒法核實對方身份。

…… ……

荒謬對白太多，不能盡錄，老實說，這班包頭包髻的家屬，我們又何曾能核實你們的身份？多次記者會、多次遞信，怎麼就沒有一個人問問家屬：這麼多要求，可知道你們的家人是罪犯啊？

當然他們不斷以「12 人是逃避暴政」的語言偽術來蒙混，但請問，他們用來「逃避」的方法，是否叫偷渡？偷渡是否犯法？

這些家屬還找來美、英、加拿大、葡萄牙、澳洲、荷蘭領事館人員到法院聽審，你以為現在還是八國聯軍年代嗎？家屬、政客找外國領館人員來干預一宗國家本土的罪案審判，隨時觸犯「勾結外國勢力」的《國安法》紅線，家人偷渡而已，你們何必玩到《國安法》層次？

明眼人都看出，此次判刑是從輕發落，8 名被判一年以下刑期者，扣減羈押時間，其實 3 月尾便可回港。

作為父母應該感恩，你們不懂教孩子，國家就幫你教。聽說，12 人在拘留所受的最大「極刑」，就是背《國安法》、抄《基本法》，當然還有鍛煉體格。幾個月或者兩三年出獄後，他們身體一定好了，字體一定端正了，守法意識一定提高了，捱幾年苦，換來另一段人生，總好過那些成功潛逃海外的暴徒，躲藏一世，斷送一生。

被捕是幸運，逃脫才是詛咒，此話 20 年後必可證實。

（原刊於 2021 年 1 月 2 日）

自由，他們是最有力的解說者

疫情重臨，又回到天天躲在家吃飯的日子，經常外出晚飯的朋友說，真慘，又要悶在家吃蒸魚炒菜了。

我說，別怨，你還有得吃，還有得揀，我想起，那天在壁屋懲教所聽到年輕囚友說：「在這裏，每頓飯吃甚麼，沒得選，唯一選擇，就是吃還是不吃。」

上星期參觀了這所位於西貢的青少年監獄，藍天白雲下，是一張張失去自由的青春臉孔。

「以前常聽人說，要珍惜自由的可貴，我曾經覺得好老土，直至進來了……你想像不到坐監有幾辛苦？失去自由有幾痛苦？我們由一個地方行去另一地方，要以步操形式行進，即是說，你連行路的自由都沒有了。衫褲鞋襪，從『面』到『底』，都是一色一樣沒得揀。一般的監倉，風扇是在外面吹進來的，根本不會涼，像這樣的大熱天，整夜就在好熱和好臭中度過……」

「以前阿媽常跟我說，不好好讀書不好好做人你一定後悔，我心想，要衰？排隊都未輪到我啦，結果……坐牢之後，阿媽每星期都會來探望我，她是做酒樓的，每星期才得一天假期休息，她就用了半日來看我，一年 365 日都如是，其實她根本沒放過假。大時大節的家族聚會，姨媽姑姐會問我哪裏去了？阿媽總是撒謊說我已出國讀書，其實，親戚知我甚麼料子，這衰仔，不是死了就是坐監，怎會讀書吖？但大家不忍心踢爆，唯諾和應。我每次聽阿媽講起，都覺得好後悔，是我讓她受這種委屈。原來，坐牢不是你一個人的事，是全家一起受苦，你受的是肉體上折磨，家人受的就是心靈上的煎熬。」

「至於從前說好齊上齊落的兄弟，別說來探我，他們甚至連手機號碼都轉了，怕我找到，怕我連累。」

自去年 6 月至今，因黑暴事件被捕的人已超過 9 000，當中 3 600 多人是學生，可預見，以上故事會不斷重複出現在各青少年懲教院所。

懲教署署長胡英明說：「每個人都有理想，但選擇把一個人最光輝的青春歲月走進來了解監獄，值得嗎？有得揀，點解要行到這一步？」

這天，胡署長坐在一幅樹頭牆前面接受記者採訪，他說，這堵牆，是年輕囚友們設計的，那一回，颱風山竹襲港，吹倒了壁屋一棵大樹，大家對這樹有感情，於是想出一個方法留住它，於是把樹幹鋸成一塊塊樹頭，砌了一幅樹牆畫，讓大樹重生。

在監獄重頭再來，這班青少年犯其實跟大樹一樣，正經歷一次重生，不過，重生過程也跟大樹一樣，先受那千刀萬剮，才得以修成正果。

（原刊於 2020 年 7 月 15 日）

第五章

官啊，請從神壇走下來

戀戀不捨的假髮

有一件事，我一直不明白；有一個畫面，我一直不懂，那是關於，法官的假髮。

記得女兒還小的時候，看到電視那些戴假髮的法官，她們就會問：「點解法官要扮鬼佬？」老實說，我是無語的。

孩子出生的年代，香港已經回歸，五星紅旗下面，為大家一錘定音判定誰是誰非的最大權力者，仍然是外國人，或者，是戴着老外假髮的中國人。

法官、大狀的假髮，是英國司法系統的象徵。它代表着最高權力，更是所費不菲。假髮因為是由工匠全人手編織及打卷，做一個需時 44 小時，故普通一個法官假髮要賣約 1 500 英鎊（約 15 000 港元），典禮用的長假髮的價格更達 4 000 英鎊（約 40 000 港元）。

法官和大狀通常只有一個假髮，不更換、不洗滌。因為假髮是由白色馬毛製成，容易吸收濕氣及汗水，隨年月變殘變黃。假髮愈舊愈黃，就代表這法官、這大狀資歷愈深經驗愈豐富，愈顯其德高望重。

追溯歐洲人戴假髮的因由，其實有點可笑。大約 1620 年，當時的法國國王路易十三長得十分英俊，唯一缺點是禿頭。為保持王室高貴形象，路易十三決定戴起假髮來，經常出入宮廷的貴族見此，爭相效仿。直到 18 世紀初，戴假髮已成為歐洲上流社會的標誌之一，達官貴族、法官律師等有身份的人都會戴着假髮出入高級社交場合，從此戴假髮成了潮流。

因為司法假髮帶來一種莊嚴的權威，故這裝束一直流傳至

21 世紀，直至 2008 年 10 月 2 日，英國規定：除審理刑事訴訟案件的法官，全國法官和律師在法庭上可以不再佩戴假髮。倒是香港的司法系統，即使回歸 23 年，早就脫離英殖統治，仍緊抱着那老外假髮死不放手。

環顧全世界法官的裝束，都是一件袍，頂多加條領巾，沒有人會像香港法官那樣，戴着別國民族的假髮，說着別國的語言，來定奪本國國民的官非。

如果，統一服飾是為了顯示權威與專業，那為甚麼一定要用英國維多利亞女王時代的假髮？為甚麼不是披件繡上中國國徽的袍子？

最近網紅冼師傅（冼國林）在他的 YouTube 節目中指出，回歸 23 年，終審法院雖已由英國搬回香港，但把持終審庭的 3 個常任法官及 18 個非常任法官中，竟有 16 個是外國人，即是說，我們的終審法庭，仍是把持在外國人手上。

其實，在每年的法律年度開啟典禮，看到滿眼都是戴着洋人假髮的中國人，你會發現，把持着香港司法系統的，豈止是終審法院的外籍法官，還是一個個充滿殖民意識的精英腦袋。

（原刊於 2020 年 7 月 25 日）

我的君主？誰的皇上

我們蟻民生不入官門，對於法律的認識，一直都很空白。全靠這些年的社會暴亂，讓小民看清一幕幕法律污穢，當然也讓司法神話逐一個破滅。

日前看到退休法官黃汝榮的 YouTube 節目，解構法官尊嚴，我這才知道，今日香港法官戀戀不捨的，除了頭上那個歐洲貴族式的假髮，還有一個脫離了現實的稱謂。

殖民地年代的法庭審案，一律全英語，回歸後因為愈來愈多中國人法官，大部分案件都轉用中文審訊，不過仍有例外，英文審案的情況在這片中華大地上時有出現。

中文審案時律師一般尊稱法官做「法官閣下」，是禮貌也是敬畏。但遇上英文審訊，律師對法官的稱呼就會用上隆重的「Your Worship」或者「My Lord」，即是「我敬仰的閣下」或「我的君主閣下」，那問題就來了。

1997 年之後，香港已告別了「我王萬歲」的殖民歲月，何來君主？哪來皇上？日曆上英女皇壽辰那天的假期都刪掉了，白金漢宮的王跟我們還有甚麼關連？在我們裁決是非生死時還要靠「君主閣下」來主持正義？

法官大狀個個在法庭戴上假髮來扮洋鬼子已經夠啼笑皆非，原來庭上庭下還有一句句「君主閣下」透露這種骨子裏潛藏的奴性。

要別人由衷尊重靠的不應該是一頭西洋假髮或者一句「我王萬歲」，好好守住法律本分做個彰顯公義的包青天，才是萬民會擁戴的一種身份與地位。

法官的尊嚴如果只靠戴起假髮來維繫，是否太悲哀了？假髮始終是假的，法官不能以假髮掩飾不公義的判決。

（原刊於 2020 年 12 月 8 日）

請從神壇走下來

上星期，特首林鄭月娥出席行會會議前見記者，談到近日香港人對法官判決引起的爭議時，如是說：

「行政主導，不等如可以干預司法獨立……《基本法》第85條明言法庭在審判時不受任何干涉……近期，社會上對法庭裁決有意見，但我一如既往呼籲市民尊重法庭裁決，不要肆意評論每一件案件，法官有宣誓作出聲明的，他們都是按法律證據進行審判……」

如果，宣了誓就不會做錯、就永遠忠誠，那世上該不會有婚外情、包二奶的事了。

其實，陳方安生、王永平當年都宣過誓，又如何呢？當一個人立場偏了、心腸變了、腦袋麻了，發幾多誓都於事無補。

多年來，香港人都尊重法官、相信法官，甚至畏懼法官，我在媒體寫文章幾十年，高官巨賈政黨權貴都敢批評，但有兩個範疇，卻絕少觸碰，就是司法界和黑社會，就算我敢寫，報社也不敢登。

香港有法例，講明在法官審案期間，大眾不得非議，否則就屬藐視法庭及妨礙司法公正。所以即使媒體的法庭新聞，只有事實的陳述，不會也不能有額外的評論。大部分法庭新聞報導，甚至連法官名字都不會登，原告、被告、證人都有名字，惟獨提到法官就只得「裁判官」3個字。

傳着傳着，不知怎的，也不知何時開始，這條法例的演繹變成了：法官不能批評、法庭的判案不容質疑。

媒體把關人因怕惹官非，對於法官，也盡量少寫少提，久而

久之，司法界漸漸成為香港一個新字頭，權力大到連特首都不敢過問。

打官司是打身家的金錢遊戲，小市民一般不敢觸碰，故對司法界最多由敬變畏，明明見到不公義的事，都不會揚聲，避之則吉算了，直至，去年的黑暴、今年的判決，市民徹底憤怒了。

那天，一位律師朋友問：「告訴我，香港哪一條法例是不准批評法官？」我們這些蟻民，真係唔知。他說：「我翻遍香港法例，其實從來沒有一條是不能批評法官的，只得一條是『法官審案期間不得評論』，審完，當然可以批評，若法官行為有問題，就更加可以鞭撻。」

法官是人，人無完人，正如神父、牧師都會犯法犯錯，有上帝監察的神職人員尚且會走歪，無人監察的司法部全部都是聖人？不會吧？

市民批評法官，不是要打擊司法系統，相反，我們希望完善司法系統。司法人員高高在上、無王管、無人敢鬧太久了，是時候，從神壇走下來，重回人間，接受社會監察。

（原刊於 2020 年 9 月 15 日）

同謀

如果，有一宗罪行發生，A 強姦了 B，旁邊還有 C、D、E、F、G、H 目睹整個過程並拍掌叫囂，那麼，即使 C、D、E、F、G、H 沒有強姦 B，但根據《香港刑事罪行條例》第 38 條，凡是「協助、教唆及煽惑他人犯罪，其懲處應與主犯一樣」，即是說，這 6 個人都是同謀，罪名一樣。

正如黑社會開片，十幾人一起去斬人，落刀殺人的可能只是某幾人，但只要死了一個人，就全部劈友者都會被控謀殺。

這就是法律的阻嚇作用，讓大家知道，在罪行面前，起哄也是罪。參與任何非法行為前，請停一停，諗一諗。

然而，剛剛在東區裁判法院審結的一宗火燒人案，卻把這種法律的最基本阻嚇作用也掃除了。

整整一年的黑暴，最讓人震驚及揪心一幕，肯定是那個向活人點火的畫面。無仇無怨，甚至三唔識七，就要把一個政見不同者活活燒死，人性，在那一天開始，蕩然無存。

點火者蒙面逃去無蹤，但當時圍着受害人起哄謾罵的一對中年夫婦卻被捕了，警方落案控告他們「在公眾地方擾亂秩序罪」。東區裁判法院裁判官林希雄審案時竟然為被告夫婦如此開脫：二人以粗言罵事主，但事主亦有對罵他人，粗鄙程度不相伯仲，沒證據顯示被告有傷害對方的意圖，故裁定二人罪名不成立。

林希維法官的話裏，我彷彿聽到受害人是「攞嚟衰」的言下之意。至於 2 名起哄者連擾亂秩序罪都不成立，更是顛覆了大家對法治的信任了。

跑過步的話，一定會明白，旁人的掌聲對你的激勵作用有多

大，中國人有句老話：「殺君馬者道旁兒」，即是說，把這馬累死的，就是旁邊不斷拍掌讚牠跑得快的人。即使那對夫婦不是點火者，但他們都有份把這場爭執推熱推火，導致意想不到的結局。況且，如果他們跟點火人不是一伙，為甚麼他們不幫忙救火、幫忙送院，而是逃之夭夭？

好想知道，林希維法官有沒有正眼瞧過四成皮膚被燒傷的受害人李伯，他下半生將與痛苦為伴，林官你苦讀的法律，如果不是為李伯這種人申張公義，請問，是為了甚麼？

（原刊於 2020 年 8 月 17 日）

法律是為豺狼而設的

數學題：

一個 7 月 21 日要在香港上法庭的人，她 7 月 17 日搭乘晚上 11 點的飛機往倫敦，到英國後必須進行 14 日隔離，隔離完去辦她的急事，再立即回港，到香港後又要隔離 14 日。那請問，她怎樣能在短短 4 日之內，完成 28 日隔離動作，還要加上來回香港倫敦起碼 20 幾個鐘的飛機航程，然後準時在 7 月 21 日出現在法庭上？

這，可能是一條世界上最難解的數學題，又或者，這根本不是數學題，而是 IQ 題，甚至科幻題。但偏偏，就有人信。

去年黑暴，一名 17 歲少女被警方控以非法集結及襲警罪，案件今年 3 月提堂，少女不認罪，案件押後至 7 月 21 日再訊，她獲准保釋，但其中一項擔保條件是不准離港。

然而，就在再上庭前 4 天，少女買了張逾萬元的機票飛英國去，因違反保釋條件，被機場入境處職員截停報警，警方將之拘捕並立即解往屯門法院提訊，少女的代表律師辯稱，她已購買回程機票，21 號會返港應訊。裁判官接納辯解，並批准少女再次保釋。

4 日內來回英倫還要兩邊共 28 天隔離，這條數，怎計都計不通，但反正，裁判官相信了。

愈來愈覺得，香港的法治，是不是太寬鬆太仁慈太大愛太……還是太天真太傻了點？

有位警察朋友說過，執法和司法機構是用來對待破壞法律的人，這些人一般不會是善男信女，所以你絕不能用社工式的愛

心來體恤，一定要把他們當豺狼，用懷疑、防備及嚴厲的態度去對待。

所以，當一個打算「着草」的人被你逮個正着後說：放心，我不是逃跑，我會回來的……你都信，那我們無話可說了。

仁慈的，不單是司法部門，還有執法機關。

7月15日，警方向理大學生會發出通知，說翌日會持搜查令進入理大校園範圍搜查，目的是調查一宗暴動罪。

理大學生會在收到警方的搜查通知後，立即在社交平台廣傳此事，暗示大家「識做了」。有家長說兒子一早就收到電話叫他回校執拾，因為會有警察搜校園。按常理，任何罪犯知道你明天來搜屋，今天肯定會把所有犯罪證據搬走或銷毀，那個事先張揚的搜查，到底有甚麼意義呢？還是一場聲東擊西？

佔中後香港警察發明了「預約拘捕」，拘捕都有得預約，實在是史上最文明的執法方式。誰知道，文明境界是一山還有一山高，這次的預約搜查，老老實實，到底能搜出甚麼犯罪證據來？

（原刊於 2020 年 7 月 20 日）

奇幻法院

　　小時候，我好喜歡看一齣電視劇叫《幻海奇情》，說的，是人世間不可思議的奇情故事；我還喜歡看《讀者文摘》一本百科全書叫《瀛寰搜奇》，說的，都是地球上最膾炙人口的超自然異事。長大後，愛追看荷李活電視劇《X 檔案》；後來有了 3 個女兒，我們又經常攢在一起看日本奇幻驚慄短劇《奇妙物語》……

　　也許從小到大看得多奇情怪事，好久沒受過驚嚇了，直至最近，發現原來香港都有一個恐怖黑洞，就在市區的西灣河太安街，心真正寒起來了……

　　這不是一個普通的黑洞，而是司法黑洞，殺人放火的罪人走進去，不是消失了，而是聖人一樣走出來，頭頂還閃着光環的，這種恐怖劇情，比吃人失蹤的真黑洞更驚駭。

　　這個黑洞名叫「東區裁判法院」，是港島區唯一一所裁判法院，即是說，但凡在中西區、南區、灣仔、港島東及離島等發生的案件，要上刑事法庭，或者要轉介上級法院的，一律要在這裏接受洗禮。

　　想想這一年來暴亂的戰場集中在哪裏？不就是金鐘中環灣仔銅鑼灣西環上環嗎？於是涉及暴亂的案子，十居其七八都會配上「東區裁判法院」這幾隻字。

　　近日看法庭新聞，以為法律界在搞大特赦，暴徒一個接一個的放生。當然，對拘捕疑犯的警察來說，卻是大報復，你捉一個，我放一個；你捉十個，我放十個……警察朋友說，他們的情緒已由憤怒變成無力，甚至無感。每次進法庭抬起頭看看是哪個官，已預知結果。

市民開始拿法官出氣，其實並沒有對症下藥，讓我們先看看機制。

一間裁判法院每日要處理無數案子，而給法官派工作的，是該法院的主任裁判官。東區法院的主任裁判官叫錢禮，她是如何把暴亂案子分發給哪些法官審理，用甚麼標準派案，外人無從過問。但我們發現，審查暴亂案子的，來來去去是那幾個官，而把暴徒放生、把警察奚落的，都是那幾個官。

錢禮的老細是總裁判官蘇惠德，蘇惠德的老細是首席大法官馬道立，一條龍的司法黑洞，讓我們漸漸明白，原來正義女神朱斯提提亞不是蒙眼，而是失明。

昨天又有案例了，深黃政棍譚得志在街上襲擊藍絲市民，結果只被罰款 3 000 元，難怪他一步出東區法院就拿着大聲公鬼拍後尾枕說：

「多謝上帝，給我安排了錢禮，錢禮判了我襲擊石房有（受害人）罰 3 000 蚊，3 000 蚊是相當抵打的了⋯⋯」

事實擺在眼前，奇幻法院已開了人治先河，這不再是我們認識的法庭，不再是我們認識的法治，不再是我們認識的香港。

（原刊於 2020 年 8 月 19 日）

謊言止於法治

美國總統大選前夕⋯⋯

身處密歇根州的 2 名男子：22 歲的 Jacob 和 54 歲的 Jack，透過一個電腦語音系統，向幾個州的非裔選民打電話，警告大家切勿使用電子通訊系統投票，訛稱這種投票方式會使民眾身份被警方利用，然後搜索你過去的告票及犯罪紀錄，再聯同信用卡公司無故增加你的卡債。電話錄音最後更強調：「別因電子通訊投票而讓個人私隱曝光」。

謠言一傳十、十傳百，影響可以是放射式的百萬甚至千萬選民。於是，在大選前的 11 月 1 日，密歇根州檢察長決定起訴這 2 名散播謠言的男子，控告 2 人企圖影響選情和煽動民眾。

在美國，通訊詐欺最高可判囚 7 年，加上違反選舉法的 5 年刑罰，Jacob 和 Jack 的一場謠言遊戲將面臨起碼 10 年監禁。

謠言其實是一種另類災害，不單會引起大眾恐慌，擾亂社會秩序，更隨時涉及人命及財產安全。

舉個例，2018 年 9 月，強颱風燕子吹襲日本，引發海水倒灌，造成關西機場淹水關閉，大量旅客被困機場，當時包括逾千台灣人。

台灣旅客抱怨救援不力，期間有台北大學學生在網上發文說，關西機場已沒水沒電，他們打電話到大阪辦事處卻得到冷處理，全靠中國大陸派了 15 輛大車來救援，並讓他們上車才得以脫困（後來日媒證實，該大巴拯救視頻是在機場外圍的接人轉運），但此假訊息一傳出，立即引起被困台灣人的憤怒，大罵台駐日官員失職，留言更極盡侮辱之能事。

10 日後，台灣駐大阪辦事處處長蘇啟誠於官邸上吊自盡，遭

書直言是不堪人身攻擊及背罪之壓力。人言可畏，一段假帖文就這樣奪去一條人命。

網絡世代，謠言真能止於智者嗎？英國廣播公司最新調查指出：在英國，只有 4% 的人能夠正確識別假新聞。

去年黑暴，一個網名「金正恩」的男子在網上發表了多段帖文，虛構說一名「黑警同學」爆料，指被捕示威者在新屋嶺被虐打、被性侵犯、被輪姦雞姦，甚至被殺，呼籲「全民包圍」、「救出義士」。被捕後，他在法庭上直認帖文內容純屬虛構，自認是為了「呃 like」、「純發泄」、「講吓就算」。

但他的一時戲言，卻引起大眾對警察的仇恨，產生一連串對執法者的起底、攻擊、仇視及不信任。然而昨天裁判官黃雅茵卻說，被告的言論從未鼓勵他人使用武力，故只判他 160 小時社會服務令。

回看台灣那宗颱風下的假新聞，立法院在事件發生後，立即三讀通過新法例，對散播謠言或假消息者加重罰則，罰金由 50 萬大幅提高到 300 萬，再加 3 年以下徒刑。

對造謠者重罰，就是對其他潛在造謠者最大的警示。造謠動動嘴，闢謠跑斷腿，新世代謠言不能再止於智者，謊言只能止於法治。

（原刊於 2020 年 11 月 4 日）

壞細路

「私了」一詞，始於黑暴，黃絲還設計了隻神獸，是一頭有翅膀的雄獅，以「獅鳥」為喻，藉此美化暴行。

我多次說過，大家不要中計，「私了」、「獅鳥」，講得多好容易忘了當中醜惡，變成一個潮詞，彷彿無傷大雅。我們要記住，那不是貪得意的獅鳥或私了，那是私刑，跟所有毆打傷人甚至意圖謀殺行為是一樣的。

沒料到，連堂堂法官都中招，昨日在屯門法院，裁判官水佳麗對一宗「私刑式」的襲擊案，不單以非專業名詞「私了」來形容，還間接稱許這種行為。

事緣去年 9 月 25 日，一名休班警在行經屯門市廣場時遭「私刑式」羣毆襲擊，18 歲男學生湯浩源被捕，法院裁定他參與非法集結及普通襲擊罪成。裁判官水佳麗說，理解被告為何如此衝動，但勸勉他若有一腔熱血想為香港做事，更應好好管理自己，而非「拋頭顱，灑熱血，英雄式犧牲自己」。

水官甚至認為被告並非「壞細路」，更反問他：「私了是爭取公義？」最後判他入住勞教中心，並告誡要記住今次教訓。

把不認識的路人打至頭破血流者，原來都不算壞人，那麼這世上「壞」的定義該重新改寫。如果打人的不算「壞細路」，難道是大好青年？打人者不壞，即是說被毆者抵打？襲擊一個休班探員，在水官眼中原來是「拋頭顱，灑熱血，英雄式犧牲自己」？這是甚麼邏輯？

動手打人者肯定是壞了心腸，而歌頌打人者也肯定是壞了腦袋。

（原刊於 2020 年 12 月 3 日）

開卷有益

常說，有圖有片有真相，但可有想過，拍到犯罪過程的視頻，呈到法庭，會成為疑犯脫罪的王牌？真人真事，以下就是一例⋯⋯

去年 11 月，無業漢林耀庭在銅鑼灣崇光百貨門外向一名警署警長擲磚襲擊，警長閃身避過，沒被磚頭掟中，反而快速反應一個箭步上前把疑犯當場逮捕。

擲磚過程被現場的幾間媒體記者全程拍攝下來，影片清晰看到被告持磚、舉起、擲出、飛過、落地，照正常理解，那是襲警了。

影片呈堂，法官要求逐秒逐秒看警長的動作表情、眼神方向，結果發現，疑犯站在警長左邊，而警長當時正望向別處，於是法官認為，警長不可能看到擲磚者。

警長反駁：我看到，我亦能講出疑犯逾 6 呎身高及戴眼鏡特徵⋯⋯但法官堅持供詞不可信，推翻警長口供。

一個警長不可信，另一個警察又不可信。除了新聞影片，當時還有另一警長目睹施襲過程，作為目擊證人，他在最初落口供時說磚頭「擊中同僚左肩」，因為被襲者反應快閃開了，沒擊中，故在法庭作供時，這位警長改說磚頭「擊向同僚左肩」，裁判官認為警員 2 次口供有出入，不可信，故判被告無罪，當庭釋放。

而這位法官，就是東區裁判法院的裁判官林希維。

又一宗案件，同樣發生在去年 11 月，「全港三罷」示威現場，23 歲的徐煒樑在銅鑼灣被警察截停，他身上除有防毒面具、護目鏡、生理鹽水、黑褲，還搜出 1 把鎅刀、9 塊刀片、2 盒鐵釘、

2 把鑿，故被控意圖用它們作非法用途。

被告拿出地盤證辯護說，物品是他去地盤開工用，裁判官接納解釋，裁定罪名不成立兼獲訟費。

無獨有偶，審此案的又是東區裁判法院裁判官林希維。

還有一宗案件，發生於 11 月的「和你塞行動」，暴徒試圖阻礙港鐵灣仔站正常運作，警員到場處理，在現場一名 18 歲學生的背包內搜出一把軍刀及用來塞地鐵門的膠粒，被控公眾地方管有攻擊性武器罪。

被告自辯說，他一向對刀着迷，視之為藝術品及護身符，故不時攜帶外出，「好似有啲好美好嘅嘢陪住我，個人會安落啲」……這番話，連裁判官都說不可信，但基於他當時沒亮刀，加上刀的設計不屬攻擊性武器，故最後法官還是判他無罪。

恰巧，這位裁判官又是林希維。

香港司法獨立，我們不能月旦法官判決，但我們可以拿法庭的公開資料，開個 X 檔案，紀錄當中有趣類同，開卷有益。

（原刊於 2020 年 7 月 5 日）

第六章

一隻按章工作的龜

這是匍匐地上的百姓

A 在大灣區工作，做到高管了，平時每個週末都回港小住 2 晚，雖然辛苦頻撲，但 A 一直堅持，因為爸爸有腦退化，一來 A 放心不下，二來離開太久父親會把 A 忘掉，忘掉，就永遠記不起，於是 A 多年來沒間斷兩地跑，保住份工，也留住親情。

然而，一場瘟疫，把計劃打碎，家庭與工作，A 選擇了前者，停薪留職回來陪爸爸。誰知這一停，竟然大半年，工作不等人，大灣區處處都開工了，再不回去，連工作都會丟掉，A 惟有忍痛回到崗位，把父親交託外傭照顧。離開時，腦退化的爸爸說：「你是不是不要我了？」

回到大灣區，每天跟爸爸視像也好、通電話也好，他都重複：「你不要我了……」腦退化的人，解釋不了，他們不會聽得明，即使聽明了，3 分鐘後又忘記，眼前的他只記得：孩子不要我。

A 那種痛不是 GDP 數字看得出來，又跟失業率無關，但卻是疫情下，香港與內地和澳門通不了關的受害人。

＊＊＊＊＊

B 的母親一直住在護老院，B 每逢週末或者放大假就會去看望。從前可以把媽媽帶到附近的酒樓飲茶，陪她到公園逛逛，因為疫情，全香港護老院都謝絕探訪，B 開始跟媽媽失聯。

老人家不懂用智能電話，其實行動不便、意識模糊的她，連用一個普通按鍵手機都有難度。護老院因多次有新冠病例爆發，從此不讓探訪，也不鼓勵交託物件。老人家本來對身邊的人和事已糊裏糊塗，今次大半年沒見面，她的記憶也漸漸消失。

那天，媽媽要到醫院覆診，B 特別藉着送她去覆診的機會見

見多月失聯的媽媽，母親劈頭第一句就問：你是誰？

B 的傷痛，沒法彌補，他沒丟掉工作，但卻失掉家人。

*****

日前，政府公佈已跟新加坡就設立「旅遊氣泡」達成原則性協議，商務及經濟發展局局長邱騰華表示，之後會再跟另外 10 個地方落實「旅遊氣泡」，包括：德國、法國、瑞士、日本、韓國、泰國、馬來西亞、越南、澳洲及新西蘭。

我很奇怪，內地疫情一直維持在「清零」水平，兩地的交往又豈止旅遊？還有經濟活動、家庭團聚……你認為香港人有親戚朋友生意夥伴在內地多還是新加坡多？為甚麼我們花時間研究怎樣跟新加坡打開關口互通，而不去研究跟內地如何重新融合？

那 11 個政府建議的「旅遊氣泡」國甚至包括每日有逾 2 萬人確診的法國，我們要向這種疫情的國家打開門，卻把零確診的內地及澳門的大門緊閉，這到底是甚麼抗疫準則？

當高官興高采烈拿幾個氣泡來交差，我卻看到，原來將死的不單是香港經濟，還有人倫關係，上面 2 個受害人就是鐵證，那是數字民調都反映不出來的傷害，但卻是匍匐地上的百姓每日面對的生活難題。

（原刊於 2020 年 10 月 18 日）

一萬蚊一日的官

看內地扶貧新聞特輯，看到這段讓人動容的對白……

扶貧幹部李志剛開了 7 小時車盤過大山又來看熟悉的貧民，他蹲下跟一位老太太問：「您身體可好？」

老人家笑着說：「穿也穿得好，吃也吃得好」

「只要你穿得好吃得好，那我們幹的工作就有意義了！」

「你姓甚麼？」老人問。

李志剛靠到她耳邊叫：「喊我小孫子就成了。」

一句「小孫子」，就是把老百姓當家人了，父母官，該當如是。

近日，香港官場有宗小風波，前食環署署長劉利群獲晉升至政務官最高位置，成為新任食物及衛生局常任秘書長，月薪增至 30 萬。

因黑暴期間對連儂牆的不作為，食環署的表現一直為市民詬病，作為署長的劉利群未被問責，反而獲升職加薪，自然引起民憤，四方討伐，包括建制派。

曾當政務官的葉劉淑儀為劉利群挺出而出，說連儂牆責任不在她，希望大家別對政務官作「文革式批鬥」，因為「政府內資深政務官已買少見少」，「一些政務表示十分擔憂」……

我不糾纏於連儂牆責任誰屬，也不爭拗那是批評還是批鬥，我只想問：警察呢？警隊一直被抹黑誣蔑批鬥，今日劉利群被罵幾天就受不了，那警察連同家人被罵被起底被欺凌了幾年，又如何？

我還要說一個數字：1 萬元。晉升上新位置的劉利群，每天的工資是 1 萬元，你沒看錯，是每天，她一天工資已多過好多老

百姓一個月薪金，這樣的待遇，既然做不好工作，那讓市民罵罵洩憤，也該值吧？

同樣當官，前面提及的扶貧幹部李志剛一個月工資頂多三五千，對比劉利群一個月 30 萬，卻辦事不成，擔當欠奉，慚愧嗎？香港太多人身在福中不知福了，一萬蚊一日的官，又是一例。

（原刊於 2021 年 3 月 4 日）

回到「年獸」的世代

我是個會去街市、逛超市的人，也是個出入搭巴士、逼地鐵的人，我不是高官身邊的專家，也不是腳不沾地的貴族。我知道新鮮豬肉已賣到百幾蚊一斤，我體會到順民的怒火到底有多沸騰。

如果去年黑暴積累的叫民怨，那麼，今天疫情燃起的該是民憤。因為大家犧牲了一整年、忍受了一整年，才發現原來當權者一直在夢中。

近日，九龍灣麗晶花園第六座爆疫，一幢樓發現 8 名確診者，政府醫學專家袁國勇到屋苑視察，認為第六座已屬疫區，於是有記者問：「既是疫區，為甚麼不把整幢居民撤走隔離或禁足？」

袁醫生說：「我們都想嚴謹，但一時之間你叫我們往哪裏找那麼多地方讓這麼多人檢疫？禁足令要兼顧很多事情，譬如吃飯問題怎解決呢？其他事怎解決呢？香港現有系統是否可以做到呢？」

實在，嘆為觀止。

新冠病毒不是昨天才來，它來襲整整一年了，偌大一個政府，18 萬公務員，那麼多專家、學者、工程師、科研人才，不懂做，也懂看吧？內地的火神山醫院、方艙醫院、防疫旅館、緊急隔離中心……有辦你睇，你們竟然真的當戲睇？疫情忽然掩至，你們卻反問「點做」？不如市民來問問：這十幾個月你們到底在幹甚麼？

記者又問：葵盛西邨兩星期累計出現 22 宗病例，政府要求全座強制檢測；麗晶花園第六座三星期內出現 7 宗，政府宣佈全

座檢測；馬鞍山錦豐苑錦蕙閣 2 個星期有 5 宗，政府隔了 4 日才要求檢測；九龍城東頭二邨貴東樓 2 星期有 4 宗，不需強檢；鑽石山龍蟠苑龍珊閣 2 星期有 3 宗，毋須檢測；秀茂坪寶達邨達怡樓一星期內有 7 人確診，不用強檢；大埔廣福邨廣智樓一週 5 宗，同樣不必強檢。想請問：同一幢樓到底幾多天內有幾多宗確診個案才需要強檢？

衛生防護中心總監黃加慶的回答更精彩：「你問得好，我答不到你，我都沒有標準答案。」

直言如斯，真要掌聲鼓勵。

也難怪，擔起抗疫大旗的食衛局局長陳肇始都這樣說：「單靠大家所說的『封樓』、『封邨』，其實不足以消滅全香港 18 區疫情，現在疫情已在社區擴散，要成功遏止病毒傳播，最緊要全港市民留家抗疫。」

忽然覺得，我們要回到相信「年獸」神話的年代，只要大家在門前貼點紅、掛串鞭炮，躲在家關好門窗，瘟疫就會呼嘯而去。

我一直在地上感受着社會溫度，這段日子，我感到四處怒氣騰騰。如果，去年黑暴，政府認為自己失去了一半信奉「黃教」的香港人，我想說，經歷完疫情，將會失去更多。

（原刊於 2020 年 12 月 12 日）

誘因

跟一位內地駐港官員聊天，說起疫情，官員說：「我最討厭香港人常說 2 個字：誘因。甚麼都要有誘因才做，為甚麼大家都不講社會責任呢？」

聽了，我直如受了一記當頭棒喝。

從前，香港人最引以為傲的就是社會責任。巴士站裏、櫃員機前，沒有告示、沒人維持秩序、沒有法例規管，但大家都會乖乖排隊，偶然一個不聽話插隊的，一定給大家罵個五雷轟頂。

打尖不犯法，但有些事情，不用賞懲，人人都會自覺做，這叫文明，這叫社會責任。

然而一場新冠肺炎，讓香港人的醜陋劣根表露無遺，掃「安心出行」？做病毒檢測？打新冠疫苗？有無誘因先？

昨天政府宣佈與新加坡旅遊氣泡計劃，接種 2 劑疫苗就可以免隔離飛新加坡。有市民對記者說：「新加坡唔吸引，如果可以去日本、台灣我先會考慮打針……」

又是那句：誘因。

現在問題是，香港經濟已停頓逾年，旅遊業、航空業冰封到快氣絕身亡了，水浸眼眉，大家仍在討價還價問：「有咩着數先？」

截稿前的數據，全港至今只有約 5.7% 人口注射了 2 劑疫苗。朋友在醫院工作，竟也沒打疫苗，我問他：「為何不打？」他說：「睇定啲先。」「要睇甚麼？」「睇你哋打晒無事先。」「睇幾耐？」「如果你哋打晒，我使乜打。」說到底，根本不想打。

有位藥劑師朋友又來個一言驚醒：「歷史上，所有瘟疫傳染

病，唯一有效的醫治方法就是疫苗，沒其他。」天花、麻疹、白喉、小兒麻痺⋯⋯哪一種疫症不是由疫苗把它終止？如果大家都在觀望、都在等，今天我們豈只有新冠肺炎，還會有天花麻風。

全球接種疫苗冠軍國以色列，至今已超過 55% 人口打完 2 針，連同之前的新冠康復者，900 萬以色列人中，有抗體人數已接近七成，離羣體免疫不遠了。以色列不是打針有錢派，他們的誘因只有一個，就是生存下去。

（原刊於 2021 年 4 月 27 日）

飯桌上的民生

不知大家有否留意，市面雖然百業蕭條，但有種生意卻逆市開花，就是凍肉店。這地段執了間旅行社，換上凍肉店；那商場執了間時裝店，又換成凍肉舖。

大家以為，是因為疫情吧？一屋人宅在家，早午晚三餐由朝吃到晚，惟有備點凍肉在冰箱。

答對了一半。

為避疫儲糧，凍肉成了必須品，這陣子每個家庭的冰箱總都會備點雞翼、肥牛、肉丸、餃子，不外出也可有飯開。然而中國人習慣吃鮮肉，尤其廣東人蒸肉煲湯都愛嚐鮮，急凍食物永遠是最後選擇，所以，凍肉店忽然成行成市，事出必有因。

看到這裏還猜不到原因的，大概是平日不上街市不做菜的人。滿街凍肉舖，是因為鮮肉太貴，而且貴到不成比例，貴到基層負擔不了的地步，於是大家都把要求下降，改吃凍肉。

那天我要為一家五口弄碟豉汁蒸排骨，在街市光顧新鮮豬肉檔，盛惠 100 大元，還不太夠吃。朋友自己在家煮糖醋骨，單是豬肉，就買了 200 元。

從前牛比豬貴，現在豬肉價格已升至牛的價錢。新鮮牛肉 100 元一斤，牛柳 150 一斤，豬肉 85 元一斤，排骨 120 元一斤……難怪大家都打趣說：現在能蒸大碟新鮮肉排，是上等人家。

從前我喜歡用新鮮雞腿起骨拆肉來炒西芹，現在我不光顧鮮雞檔久矣。一塊急凍雞扒才賣 9 元，同樣大小的鮮雞脾肉要 35 蚊，小數怕長計，還是吃凍肉算了。

政府和政客都喜歡講民生，但甚麼才最反映民生？樓價？就

業率？失業率？消費數字？……以上皆是，但最容易體會民生狀況，就是逛逛街市。飯桌上的民生，才是老百姓最真實的生活。

要管理一個城市，就要知道城裏的人是如何過活。有位內地省級領導說過，他會在任內把省裏每條鄉村都跑一遍，而且是自己去，不需安排，不要人陪，從此每個週末都這樣跑，因為他要看到政策落實的最後一里路是否到位。

每天開飯，老百姓是滿腹怨言還是滿桌欣喜，其實就是最簡單的施政成績表。香港豬肉貴已不是今天的事，但這種師奶瑣事在政府鴻圖大計中當然不值一哂。民生無小事？口號而已。

當老百姓每頓飯都在抱怨，當基層的生活質素在走下坡，這些統計數字算不出來的憤懣，將成為社會上的計時炸彈，為官者不可不察。

（原刊於 2020 年 12 月 16 日）

這是一場訊息戰

看電視新聞、報章及網上都這樣報導:「又有市民接種復必泰疫苗 7 日後死亡,全港累計接種疫苗後死亡個案增至 31 宗……」

「又有」、「累計」,這些字已經斷定,那 31 個死亡病例是死於打針。

其實,如果改寫一下,變成:「又有市民吃飯 7 日後死亡」,都說得通,然後大家就去研究那米還該不該吃?那電飯煲還能不能用?

同樣是一條命,以色列人卻是這樣演繹……

今年 2 月,以色列一名 32 歲的四孩之母感染新冠肺炎過世,耶路撒冷的猶太教堂外都貼着這樣的海報,大大隻字寫着名字:「Osnat Ben Sheetrit」,然後配上這句話:「For the ascension of her soul, get vaccinated.」(讓她的靈魂升天,請接種疫苗)。

與丈夫一起經營髮型屋的 Osnat,育有 4 名幼兒,去年又再懷孕,第五個孩子預計 4 月就出生了。

就在 2 月,以色列耶路撒冷哈達薩大學發表最新研究,證實孕婦若接種新冠疫苗,抗體會傳予肚內嬰兒,對母嬰都有好處,故建議孕婦也去接種。

當時懷孕已 7 個半月的 Osnat,對打不打針一直猶豫不決。後來她丈夫終於說服妻子,並為她預約打針。

就在預約日前,Osnat 不幸染上新冠肺炎,病情迅速惡化,多個器官衰竭。醫院立即為她剖腹生產,但嬰兒取出幾小時後宣告死亡,母親 Osnat 沒多久亦去世。

謠言隨即四散:孕婦注射新冠疫苗後與嬰兒雙雙離世。流

言甚囂塵上，Osnat 的丈夫決定接受主流媒體訪問，公開直言：「Osnat 從未接受疫苗注射，如果她打了針，她和孩子應該仍然在世，不會丟了生命。」

Osnat 的個案撼動了整個以色列，本來好多仍對疫苗採取觀望態度的市民，都改變想法，紛紛趕去打針。Osnat 家族有個親戚本來是反疫苗主義者，一直網上開設專頁抨擊疫苗，但在 Osnat 死後，他立即把網上專頁關閉，而以色列醫療保健部門的孕婦疫苗接種亦比之前增加了 60%。沒了 2 條人命，卻說服了整個社會。

今天，以色列是全世界疫苗接種率最高的國家，但他們一樣有愚民，一樣有畏懼者，一樣有死硬派，問題在於，作為管治者，如何打好這場訊息戰。

推行疫苗接種計劃初期，以色列有網上傳言：打疫苗會長尾巴、打了疫苗會不育，有極端東正教徒族羣甚至認為注射疫苗藏着陰謀。

一切，就在 Osnat 死亡事件發生後扭轉過來。Osnat 之死，猶如警世諍言，Osnat 丈夫說：「如果你仍思前想後，看看我家這 4 個沒了媽媽的孩子，你應該不用多想，疫苗就是答案（The vaccine is the answer）。」

結果，以色列 930 萬人口中，已超過一半打了 2 針，成為全球疫苗接種冠軍國。

所以，推動市民打疫苗先要打的仗，不是防疫戰，而是訊息戰，香港的疫苗接種率至今才一成多一點，就是因為天天有太多「因打疫苗死亡」、「打疫苗後不適」的訊息。如果，新聞焦點是在「因沒打疫苗死亡或重症」的個案上，像 Osnat 的悲劇，一個已經夠說服力了。

（原刊於 2021 年 5 月 9 日）

打劫庫房

如果問，哪些錢，花了無人留意、沒人覺痛，更沒人積極追究？那一定是庫房的錢。

因為你不是從我銀包中搶去，也不是從我戶口中騙去，失了，沒人去報警，無人有刺肉的可惜，鬧兩句，就會忘記，明天又重新開始，下季又再次交稅，於是，儘管 20 多年來有人一直以此方法在庫房予取予攜，因為痛不在己身，故無人會正視。

早陣子，「爆眼女」申請法援，聘用大律師公會主席夏博義替她打官司，向政府提出司法覆核，禁止警方查閱她的醫療報告。官司最後敗訴，即是政府輸給政府，法援署要賠訟費給警方。

法援署不會覺得痛，因為錢是庫房的，痛的只是納稅人。至於得利漁人，就是中間用法援請的那個資深大律師夏博義，和全身而退走佬台灣的「爆眼女」。

2013 年，食環署根據《公眾衛生及市政條例》，沒收全港 26 個法輪功宣傳據點的橫額及展板。根據《星島日報》報導，2 名法輪功學員透過法援向食環署提出司法覆核，官司足足打了 8 年，日前上訴被駁回，食環署贏了，即是政府贏了政府，得利漁人，仍是那個法援聘來的資深大狀夏博義。

如果沒有法援，小小法輪功學員能跟政府打 8 年官司嗎？如果沒有法援，任職診所助護的「爆眼女」可以跟政府打足 1 年 8 個月官司嗎？沒錯，法援是讓窮人有機會爭公義，但也讓政客有空隙打擊政府，這簡單分別，難道法援署分不出來嗎？

法援署署長鄺寶昌日前公開回應說：「法援署是依法辦事……只要有充分理據並符合經濟條件，便會批出法援，法援署

不會就任何個案『落閘』。」至於法援申請者為甚麼可以自己揀律師？署長說：「有關檢討法援制度的細節和時間表，要與政務司司長研究。」

又是搬一套「程序」出來「大」你的官腔，如果，一切都可以用「程序」來解決，請個機械人回來可以了。

一個簡單道理：你去公立醫院看病可以揀醫生嗎？為甚麼申請法援的人可以自選律師，還是那些天價的名氣大狀？

既然要用公共資源，就不能揀飲擇食，那是童叟都懂的道理，為甚麼法援署署長加政務司司長 2 個超級腦袋想了幾年都想不出解決方法來？

根據法援署最新財政數據，此部門用在訴訟、律師的開支，一年接近 13 億；用在薪金及津貼的數目，是 3 億 7 000 多萬。既然是公帑，就要公開交代：到底這 13 億訟費，有多少是進了夏博義、李柱銘、何俊仁這類反對派律師的口袋？如果仍沒有答案，那 3 億工資的開支，不如轉用來買機械人吧！

（原刊於 2021 年 6 月 6 日）

跑了和尚，走不了廟，目標是廟

正常人一早看到，這是一場謊言編織的革命，當然，一直浸淫在謊言中的人，不會相信，不願相信，因為假如相信了，信念就會崩潰。

承認被騙是困難的，因為你首先要承認自己蠢。這關口好多人都過不了，過不了就會泥足深陷。

正如好多騙案受害人，幾千萬甚至幾億地被騙去，你認為他 / 她們身邊沒家人朋友提醒過嗎？愈聰明的人，愈堅持自己的判斷，我咁醒點會俾人呃？就是這種自信，令 2019 年黑暴時期許多有識之士都一頭栽進謊言世界中，不能自拔，不想自拔。

不過，真相是殘酷的，當「爆眼女」走出來說：「我從沒說過我盲了眼，『爆眼女』只是大家給我的一個外號」時，如果你仍執迷不悟，實在無藥可救。

街頭騙案，總需要一些合謀的「媒」，黑暴騙案也不例外。

如警察查案，放長線才能釣大魚。與其捉一、兩尾騙徒魚毛，不如由魚毛引出整個詐騙集團，一舉搗破，更能治本，今次爆眼女事件的正面作用就是這樣。

有高人說：「跑了和尚，走不了廟，目標是廟。」爆眼事件中，醫管局、法援署，都是大廟堂。

沒有一條龍的詐騙集團，靠「爆眼女」一個人根本完成不了驚天大謊言，所以，她只是一隻卒，今天，更是一隻棄卒。知道秘密的棄卒，通常被滅口。

當日「爆眼女」的照片是震撼的，催眠專家說過，要把訊息打進人的潛意識，最有效是用震撼的影像，於是，美女、流血、

眼睛、年輕人、抗爭者……這張照片的元素正中下懷，一個爆眼謊言從此傳揚。

眼睛有沒有受傷？抹去血跡就知道，由救護車、到醫院搶救的醫護、到醫院管理層、到醫管局，竟能環環相扣且滴水不漏地為革命守住這個謊言，再加事後法援署的積極協助，讓沒盲眼的醫療報告一直曝不了光。如果用「詐騙集團」來比喻，這集團參與者的涉獵面及忠誠度，如水銀瀉地，更若銅牆鐵壁，令人心寒震驚。

事過境遷，當事人逃逸了，但「廟堂」仍在，每一個接觸過「爆眼女」或醫療報告的人，都有名有姓可追查，煽動叛亂的同謀，國安處可以開 file 調查了。

爆眼女事件的最大啟示是，當世人丟掉理智的眼睛，天仍有眼。

（原刊於 2021 年 5 月 28 日）

這場賽跑，我們連塵都吃不到

2 個多星期前，手機流傳幾段視頻，有說是上海浦東機場因被封鎖做即時檢測引發的鼓譟人潮。

翌日看新聞，原來上海浦東新區於 11 月 20 日發現 6 個新冠肺炎病例，當中 4 個是屬於浦東機場物流公司員工，於是當局立即果斷行動，於 22 日晚派遣 240 名醫護及 300 名工作人員連夜進駐機場，為所有貨運及駐場員工進行核酸檢測，由晚上 7 時做到翌晨 6 時，11 個小時共採樣超過 16 700 份，當中只找到一個染疫個案。

病毒是不等人的，如果你不能走在病毒前面，至少要與病毒賽跑，在它擴散蔓延之前，狠狠地把傳播鏈斬斷。

上海那一幕騷動，看到人潮鼓譟，可見不是如我們特首講的簡單：「內地人相對服從」，一樣米養百樣人，每個人都有情緒，沒有人願意被限制行動，問題是，管治者有沒有能力、膽識、方法來控制大局，來解釋利害。

看近日香港的同類例子，看得大家心驚肉跳，我們的防疫系統不僅後知後覺，更似是無人駕駛。

12 月 6 日，葵涌葵盛西邨第八座 5 樓 5 個單位共發現 12 人確診，翌日該幢樓的確診數字已增至 16 個，截至昨天（8 日）染疫數字是 18 人。如此大規模集中爆發，當局並沒有封樓鎖邨，房屋署只派人到大廈消毒，衛生署只派人接走確診病人的密切接觸者，並在區內向居民派發採樣瓶。

12 月 7 日下午，陸續有第八座居民收拾細軟離開，記者訪問拖篋客，他們都說，因為怕大爆發，所以趕快搬到親友家暫避。

沒有人問：你們怎知自己是否隱形患者，逃離現場，豈非把病毒帶去其他區？

我記得特首林鄭月娥說過，全港強制檢測不可行，但小範圍就一定做：「不排除當有羣組或屋苑爆發時，封鎖部分範圍做強制檢測。」咦，葵盛西不就是屋苑爆發嗎？說好的小範圍強檢哪裏去了？

病毒不會陪你猶疑，當你在想該不該封樓封邨的時候，它已多傳幾個人；當你再思量封樓有沒有法律基礎時，它已蔓延到鄰座。

昨天行政會議開會前，特首說：因為法例未寫好，未能使用，如果早一點有法律基礎，有應變計劃，會處理得更好……

賊過興兵，當病毒已隨着雞飛狗走的居民遷到別區，原來我們還在寫法律。別說跟病菌賽跑了，原來我們連病毒影子的塵都吃不到。

（原刊於 2020 年 12 月 9 日）

撲克臉的官

「做又三十六，唔做又三十六」，這句話以前是香港人用來嘲笑內地官員的，笑着、笑着，人家改進了，走遠了，我們卻取代了笑話，成為主角。

一竹篙不能打盡一船人，香港 18 萬公務員總有些是有心做事的。有位政務官朋友形容得好：「我是英國人教出來的，當年我的鬼佬上司告訴我，做官一定要擺出一副 Poker Face（撲克臉），即是說，要目無表情、喜怒不形於色。這張 Poker Face，我學了，好多政務官也學了。但原來做久了，好多人不單臉孔是 Poker Face，連個心都變了 Poker Face，無表情無感覺。大家忘了當初這張臉，其實只是一種偽裝。」

如果要為「官」找一個對應的字，毫無疑問，一定是「民」。但香港的官，只讓你想到 2 個字：程序。甚麼事，都跟你說程序；甚麼責任，都可以用程序解釋；甚麼「鑊」，都由程序來「祖」。

朋友搜集了證據，投訴港台節目《中國點點點》，寫了信去通訊局，幾星期後通訊局回覆，事件已轉商經局。又過了幾星期，朋友見沒進展再去信特首辦，特首辦回覆個案已交商經局，商經局再回信說會交由通訊局跟進，那球，最後回到原點……投訴在政府各部門兜了一個大圈，耗了幾個月，當然再沒下文。

一位跟官員打交道 30 多年的退休警官總結說：「政務官首要工作是粉飾太平，主要心法是：推、側、閃、避、卸。」以上那個港台的投訴，簡直把這種當官心法發揮得淋漓盡致。

日前，立法會議員葛珮帆及何君堯在議事堂對黑暴中的犯法社工竟然可繼續領社工牌照去禍害青少年，對勞福局局長羅致光

提出質詢，羅局長一如既往耍太極，照稿讀了一堆數字，再遊一輪花園，卻總結不出一個答案來。

有暴力案底且不悔改者，為甚麼還可當社工？這問題有那麼難答嗎？2 個議員責問局長都找不到解決方法，難怪小市民的投訴被左轉右拖最後沉落公海。

內地官員告訴我，現在國家早就沒了打官腔這回事了，你看抗疫戰中幾多官員因失職下台，就知道內地做官苟且不得。

疫戰時期，內地所有公務員都走在抗疫第一線，在放假的也自動銷假回組織打仗。有個在檢察院工作的朋友，剛過去的農曆年遇上社區爆發，他由年初一做到年初七，足足 7 日沒回過家，而他擔任的崗位，只是守在小區出入口的探熱員而已。一個檢察院官員，本可大條道理說「抗疫關我乜事」，然後躲在家中過新年，但他們沒這樣做，因為官員心中有人民。

回看疫情期間，我們的公務員也跑在第一線，不過是躲回家 Work from home 的第一線。除了醫護、警察及各紀律部隊如常謹守崗位，不少公務員都因為這個 Work from home 政策放了近半年有薪假。

當然，壞心腸的公務員不是多數，但做官不作為其實也是在作惡。我喜歡內地做官的第一守則：為人民服務，香港官員如果到內地做交換生，第一件事要學的，就是先把這句「為人民服務」鑲進心坎裏。

（原刊於 2021 年 6 月 2 日）

抗疫，是一種特權

一個印度醫生在 Twitter 發了段值得世人深思的話：

「能保持社交距離是種特權，說明你家有足夠地方隔離。

能洗手是種特權，說明有自來水。

有洗手液也是種特權，說明你有錢購買它。

禁足不出門也是特權，說明你有能力不出門工作。

防止新冠病毒傳播的大部分方法都適合富裕人羣，根本上，這是一種由能夠在全世界到處飛的富人傳播，最後害死數百萬窮人的病症。

有能力保持社交距離、禁足不出門的人應該理解自己所擁有的特權，因為很多印度人並沒有這權利。」

老實說，當看到印度都出現新冠肺炎確診者，我心裏就冒出 2 個字：大鑊！

我去過印度，深明那裏的衛生意識有多貧乏，潔淨水源有多不足，貧富有多懸殊，對付新冠的「洗手、洗手、洗手」、時刻要動用的搓手液、至少每天換一個的口罩⋯⋯在印度這種窮地方要實施起來，到底會有多難？

其實，別說印度，就在近在咫尺的香港，你以為容易嗎？

政府每天呼籲市民「留家抗疫」，如果，你的家只得 300 呎，甚至是 100 呎不到的劏房，留家抗疫，還要抗一年，容易嗎？

政府又呼籲，大家盡量「在家工作」，想想，你們有飯吃、有餸買、有車搭、有醫生看、可以去銀行、可以買生活用品、可以買聖誕禮物⋯⋯都是好多人在外面奮力工作換來的舒適。其實，「在家工作」只是留在家工不工作都有糧出的公務員的專利。

特首多次在發言中怪責疫情反覆是因為市民不乖，不聽政府勸告「留家抗疫」。正如上面印度醫生所言，林鄭特首你可知道，能留家其實已是一種特權？

我們不像尊貴的高官，有官邸有傭人有廚師有司機有花王有保鑣有秘書有……一聲令下，大隊人會幫你奔走，你不用擔心逼地鐵會染疾，不用擔心上街市受感染，即使在家困一年都不會精神病，因為你的萬呎大宅根本就是一座花園城堡。

最近看到一段網上視頻，有位老人家不戴口罩上了巴士跟司機及乘客起爭執，許多人在罵這種沒公德心的人，我反倒有點憐憫，他可能就是疫戰下被逼瘋的其中一人。

抗疫是一種特權，當你仍能戴着口罩睥睨天下叫大家乖乖留家抗疫時，想想，你跟說話對象是否根本活在不一樣的平行時空？

（原刊於 2020 年 12 月 24 日）

一隻按章工作的龜

從前，我們嘲笑內地速度。無論政府部門還是國營機構，12點就趕客，因為要收工吃午飯，吃完還來個午睡，2點返回崗位，4點就開始收拾，5點收工那個算是勤力。因為做又三十六，唔做又三十六，速度和質素都乏善足陳。

一場改革開放，國家輸入了新思維，香港人也把香港速度帶進內地。許多企業高管、工廠領班、酒店總裁，甚至名廚、導演……都趁着改革開放浪潮往內地跑，香港人最擅長的快、靚、正逐漸成為內地發展的新步伐。

以後每逢有介紹香港的視頻，總離不開熙來攘往的中環、一雙雙快鏡行走的腳。內地來的朋友都說：最不習慣就是你們香港人走路太快。

然後，如同一場龜兔賽跑，十年河東，十年河西，世上沒有不倒的羅馬。

近年看新聞發現一個現象，就是多次人大、政協的特別會議，都是在週六週日，我奇怪，領導人週末不休息嗎？

朋友做生意常常往返內地，他說現在約見官員，基本上一星期7天任何時間都可選擇，星期日官員在家跑出來跟他們談事項是常有的事。

民間搏殺就更積極了，有次我們一班朋友到中山看樓盤，看到天黑，還有一個樓盤未看，就跟約好的經紀說：「太夜不來了」，她回我們：「沒關係啊，我等你！」到埗看了個多小時，天太黑看不清，我們怪不好意思說：「對不起，做不成生意，還阻你下班。」那經紀依舊殷勤：「沒事沒事，其實我今天開了5張單

喇，能多開一張固然好，開不到也沒關係，我今天已賺到今個月的收入，好開心呢，下次再來你們要找我啊！」

這種畫面、這種面貌，像極香港騰飛的八九十年代。

近年內地流行一句順口溜：「週六保證不休息，週日休息不保證」，當 14 億個車輪年中無休在運行，那種快捷、那份力量，怪不得能震驚世界。

回頭看香港，無論黑暴還是瘟疫，公務員做又三十六、唔做又三十六，疫情嚴峻，公務員第一個躲在家中 Work from home，我常想，運輸署怎樣 Work from home？食環署怎樣 Work from home？圖書館怎樣 Work from home？……即使網上文書工作，政府資料可以拿回家嗎？Work from home，即是不用做。

昨天，政府公佈 18 萬公務員的宣誓安排，要求公務員簽署宣誓聲明，並於 4 星期內交回。

我以為聲明是甚麼論文要花 4 星期慢慢細嚼，誰知拿來一看，宣誓紙上只得 80 字，20 秒看完，就是要效忠《基本法》及香港特區，奇怪竟然不用效忠中華人民共和國，然後簽個名，有那麼困難嗎？有那麼多掙扎嗎？竟要考慮 4 星期？4 日都嫌多，根本 4 分鐘就可完成。

這到底是甚麼速度？明明是懂得快跑的兔，香港速度幾時淪落到變成一隻按章工作的龜？

（原刊於 2021 年 1 月 16 日）

返鄉下

去年暑假，我帶女兒到中國大西北，走走跨越甘肅及青海省的一段東絲綢之路。出發前計劃行程，想到書店買本遊記看看，誰知舉目四望，關於中國旅遊的書，原來只佔書架的 2 行，主要是北京、西藏、上海、江南等旅遊指南，別說沒有深入一點的旅遊文化書，連旅遊廣度也欠奉，講絲綢之路的就得一本食買玩而已。

反觀桌上陳列的重點旅遊推介書，都是被日本、台灣、泰國、韓國長期佔據。

東瀛深度淺度遊至少雄霸一枱一牆，日本 42 個縣加一都（東京都）、一道（北海道）、兩府（大阪府、京都府）的旅遊資料基本有齊，單是京都遊的書就幾乎多過中國遊的，日本旅遊書的深度甚至是很仔細的鐵道遊、神社遊、文學散步等等。對比之下，中國旅遊書就少得可憐兼又土又舊。

殖民地年代，喜多郎音樂曾為我們帶來一股絲路熱，書店擺滿絲綢之路書籍、錄像、攝影集。那時候的香港年輕人個個都揹起背包走絲路，瑰麗風光掩蓋了罕廁艱苦，走在落後的大地，我們仍能以身為中國人為榮，江山如此多嬌，河山的震撼為我們輸入愛國情懷。

回歸後，帶學生走訪內地的遊學團多不勝數，有看歷史文化、看科技發展、體驗山區扶貧，但都是交差式、應酬式，數字好看，成效卻存疑。有得揀，大部分香港孩子還是會選擇去北海道賞雪、去東京血拼、去和歌山浸溫泉。

知否今天香港年輕人是怎樣形容「去日本旅行」嗎？他們把這行為叫「返鄉下」，諷刺吧？一個世仇之國，竟然成為我們下一

代的「鄉下」。

我不是鼓吹仇恨，我都很喜歡去日本，我也欣賞日本人的循規、認真、有禮，但愛別人愛到把歷史忘掉，把自己的家國摒棄，那就出問題了。

書店上一桌的日本旅遊書、坊間多到不得了的日本旅遊特輯、一年裏有半年封面都是介紹日本的旅遊雜誌……這一切，都是給下一代忘記自己的根、視東瀛為故鄉的其中一種土壤。

近年看過一位德國旅行家從北京走到西藏的跳脫故事，也看過中央電視台紀錄片《航拍中國》的震撼風光，我記起，16歲那年參加中學畢業旅行去北京，站在天安門城樓上那種思潮澎湃；我想起，20歲就追着絲路熱遠赴喀什找香香公主那種興奮莫名；還有，差不多每年春節父母都會帶我們返鄉下尋根探親；幾十年後，駕長車踏進賀蘭山時我依然會哼着《滿江紅》的「胡虜肉、匈奴血」。

沒有讀萬卷書，也該走走萬里路，大家說香港年輕人不認識國家，問題是，我們有渠道有土壤有氛圍讓他們好好認識嗎？

（原刊於 2020 年 10 月 21 日）

欠缺的土壤

　　許多人問：為甚麼這代年輕人完全沒有國家觀念？我先反問：到底回歸這 20 多年，我們又給下一代甚麼國家觀念的土壤？

　　植在甚麼土質、淋多少水、施甚麼肥、日照時間多少⋯⋯都是決定農作物長成甚麼樣的重要因素，育人也一樣。

　　早前進戲院看中國女排故事電影《奪冠》，散場時聽到一對年輕男女這樣評價：「這套戲相信只有喜歡排球的人才覺得好看⋯⋯」

　　這年代肯進戲院看《奪冠》的年輕人應該不會是黃絲港獨，但這樣的觀眾都感受不到電影中的家國情懷，就是因為他們的成長環境欠缺了某種土壤。

　　我們是親眼看着中國女排站上國際舞台的那代年輕人，老實說，第一次看比賽，我連一局打幾多分都未知，球例賽制都是邊看邊問，那時好多人和我一樣，是因為中國女排才認識排球、愛上排球。

　　那些年，我們在電視機前為女排哭過笑過吶喊過，彷彿跟朗平、張蓉芳一起戰完一仗又一仗，中國贏了、國歌奏起，對年輕人來說，這樣的國民教育，比一切植入式貫輸更加奏效。

　　回憶再倒帶，又看看我爸媽那年代的國民教育。

　　小時候，媽媽的五桶櫃上放着一張不是我爸的帥哥照片，上面有個簽名，寫着「李富榮」，我不知他是誰，只知是媽媽的偶像，直至那次被爸追打⋯⋯

　　我爸本是個好好先生，從不罵人，更不打孩子。我第一次被爸爸用籐條狠狠鞭打，是因為我擋着他追看黑白電視上的世界乒

乒球錦標賽，當時中國隊 2 名最強球星莊則棟和李富榮正在爭冠軍，從此我也記住這 2 個名字，我就是因為他倆被打的。

時光機再往上推，就要跑進歷史長河，無論抗美援朝還是抗日戰爭，都是活生生的國民教育。

自昨天（10 月 18 日）開始，中央電視台綜合頻道晚上 8 時黃金時段，一連 3 日會播出大型抗美援朝歷史紀錄片《為了和平》。那場慘烈戰爭，卻是當年美國唯一一場敗仗。中國人民志願軍的視死如歸，今天由一個個鬼門關上走過一圈的老兵口中憶述，那是最好的國民教育。

紀錄片全國播放，就像當年的乒乓球錦標賽、世界女排大賽，全國上下，在中美關係又如箭在弦的關口上，一起經歷、一起吸收、一起感受那段歷史，國家觀念，就是這樣滋長的。

回歸之初，我一直有個疑惑，就是香港既是中國一部分，為甚麼我們沒有一條完整的中央電視台頻道？如果這 23 年來我們一直知悉國策、看着國家發展、大國重器怎煉成、綜藝節目如何日新月異、歷史劇怎樣默默教化……23 年後的今天，香港人對內地的認知不致於那麼貧乏、甚至誤解。

這只是其中一種土壤，也是最便捷最不費成本的一撮土，但缺了這把土，年輕人就永遠難以跟全國人同呼吸、共感受。

（原刊於 2020 年 10 月 19 日）

每個人都有老去的一天

那天，在一個私人屋苑街坊羣組，出現這樣的相片：一個沒戴口罩的老婆婆獨自乘升降機的閉路電視畫面。照片下面是七嘴八舌的留言：「我見過呢個阿婆，成日唔戴口罩」、「我都撞過幾次」……

一個老人家，只因忘了戴口罩出外，需要這樣影相 cap 圖 post 上網，然後接受一眾網絡判官公審嗎？留言者如果真的碰過她，為甚麼不直接提醒：「婆婆，周圍多病菌，戴返個口罩穩陣呀！」

這大半年，街上 99.99% 的人都戴着口罩，沒戴的 0.01%，幾乎都是老人家，他們也許忘記了，也許不小心丟失了，也許因為某種固執，也許因為沒上網不知疫情嚴峻，也許……而上述那位老婆婆的善忘，是因為她有輕微腦退化。

一場疫情，一個口罩，令人與人之間多了猜忌、刻薄，少了包容心、同理心。

上個月，哈爾濱一位老伯伯乘巴士的時候，因為沒智能手機，掃描不了健康碼，被巴士司機拒載。老伯伯不肯下車，被乘客圍攻說：「下去吧，不要影響大家上班！」結果要勞動警察來解圍，把老伯帶走。

網絡世代，甚麼都會被放大、直播、然後傳通街，這位老伯在巴士爭執的視頻，很快就給傳遍天下。有網民嘲笑：怎麼連掃個碼都不會？跟不上時代就注定被淘汰……

也有網民看不過眼，拍了段視頻講述家人經歷：「我媽媽喜歡去小區超市買菜，但她不會用智能手機，結果一出去就回不

來，只能給兒子打電話，兒子要從公司跑回來接她回家，經歷 2 次之後，這幾個月她再也不敢出小區了。上週她心臟不舒服，一個人去了醫院，結果去了也看不成病，因為醫護要她在微信掛號才能看病。」

「現今社會，出門搭車要掃碼，買菜要掃碼，醫院看病要掃碼，吃飯點餐要掃碼，如果沒有智能手機，或者不會用智能手機，就被遺棄在智能社會之外。我也給媽媽買過智能手機，教過她用，但她轉個身、睡個覺，就忘了。只因不會用手機，就不配活在這社會？……」

我想起，我媽的智能手機，也是我買給她、教她用的，但用了幾年，她仍只是用來打電話聽電話，WhatsApp 她不會看，WeChat 更不懂用，她唯一記得的功能，就是打開圖片庫看照片。

忽然覺得，這一代老人太艱難了，世界走得太快，世事轉變太多，智能科技飛躍，再加國際級疫情來臨，打破一切經驗常規，走得慢的老年人被遠遠拋離、墮後。

科技不等人，但人可以等。老人家跟不了，我們可以伸手攙扶一把，可以陪伴慢走一程。今天對老人家尖酸批判的人，理由大抵只得一個，就是他們未曾老去。

每個人都有老去的一天，每個人都有慢下來跟不上時代的日子。我喜歡一句話：善待老人，就是善待未來的自己。

（原刊於 2020 年 9 月 9 日）

最後一根稻草

「別做壓死駱駝的最後一根稻草」這句話，我們常聽，但出處為何，典故是甚麼，未必有人深究。

那是一則阿拉伯寓言：一匹老駱駝一天到晚任勞任怨地幹活，有一次，主人想看看這隻老駱駝到底還能背多少貨物，於是在牠背上不斷加、不斷加，老駱駝一直頂住沒有垮，最後，主人輕輕地再加了一根稻草在牠背上，沒想到，老駱駝這就轟然倒下了。

故事的寓意，是說事情發展已經到了極限的臨界點，若再增加任何一點點因素，即使那是多麼輕微，也會使之崩潰。今日香港，正正如是。

昨天是疫情下第一個禁堂食日，網上社交平台盡是建築工人踎街食飯的相片，適逢中午灑了一陣豪雨，雨中蹲路邊吃飯的場面，更見淒厲。

這天，不分黃藍，大家都在鬧爆。有位深藍朋友說：「政府不能有效堵截漏洞，導致草根百姓受苦，連我們這些一直支持政府的人都非常失望。」

或許有人會覺得，又不是要你一世踎街邊吃飯，捱一兩星期而已，大家包容遷就一下，頂過了疫情，不就好了？

問題是，我們已捱了整整一年。由去年 6 月黑暴開始，政府的完全放任不作為，令市民的怨氣，已沸騰到了臨界點。包容的一直退讓，作惡的得寸進尺，加上司法界的姑息，公務員的怠惰，正常人支持政府，只因不想為社會添煩添亂，絕非對上位者心悅誠服。

然而，當那天政務司司長張建宗被問及戶外工作者可到哪裏吃午飯，他答：「去郊野公園得唔得？」時，大家腦海都浮現「何不食肉糜」的晉惠帝。於是，一個無處可吃的飯盒，就像駱駝背上最後一根稻草，看似小事，但卻把老百姓對政府最後一點希望和信任都撲熄打沉。

（原刊於 2020 年 7 月 30 日）

只會伸手的孩子

我有 3 個女兒，作為母親，在這十多年教養孩子生涯中，腦海裏出現得最多的一句話是：公平嗎？

跟一般獨生子女父母不一樣，他們第一考量總是孩子吃得好不好、穿得體面不體面？公平問題，從來不是考慮之列。也許因為我來自五口之家，也許因為我要「管治」3 個孩子，我總覺得，公平是穩定的重要因素。

回頭看我們的國家，960 萬平方公里內，有 14 億人口、56 個民族、23 個省、5 個自治區、4 個直轄市、2 個特別行政區，這麼多仔仔女女要養活要扶持要管治要疼愛，我們小小的香港憑甚麼可以得天獨厚、可以呼風喚雨、可以要乜有乜？

過去那些年，國家很窮很落後，幾十個兄弟姐妹看父母領回來一個一出生就被搶走的孩子，穿着西裝、說着英語、事業有成、彬彬有禮、思想進步、科技先進……全家偏心寵之疼之捧之讓之，可以理解。

沒想到，這孩子回家後不單恃寵生驕，還恩將仇報，有事就奉旨伸手要這要那，沒事就喊獨立自由幾時到你管我？父母和幾十個兄弟長年忍讓遷就，你道心裏會否不爽？

不用給國家納稅、不用上繳軍費、不用跟從國策命令……現在竟還可以不聽話？作為管治者，如果再縱容下去，如何面對其他乖乖的親生兒？

就以疫情為例，青島出現第二波感染，2 名相關高官瞬即被免職。這樣的標準如果放在香港，早該一地人頭了。然而，我們的所謂問責官員，卻從來不用問責，疫情如是，黑暴亦如是。

看暴亂期間方寸盡失的警務處處長盧偉聰，不單可以安然退休拿長俸，政府還頒他一個金紫荊勳章以示讚賞，難怪有駐港官員如此評價：「用內地提拔幹部的標準，政府現在的高官沒一個合格。」

有內地朋友給我留言，或多或少反映這幾十個兄弟對香港逆子的看法：「不能光給香港提供政策優惠，沒人會感激，更不會珍惜，他們只覺得理所當然，是父母該給的。有地不開發，說要保育，大陸的河套地就可以開發，就不用保育？自己有海不去填，怕傷害鯨魚海豚，人家的珠海桂山島就可以填……想要，就要得到。最好內地只送錢來、拿地來，其他啥也不要來。」

還是那句：公平嗎？幾十年來，父母好努力、孩子很長進，大家庭終於擺脫窮苦，闖出新天地。獨剩一個敗家子坐食山崩，最近還吸毒（獨），你叫為父的如何再把你盲攬下去？

一個只會伸手的孩子，是時候給它換個撲克臉，獎賞無效，就要施罰了。

（原刊於 2020 年 10 月 28 日）

請不要再把 ABC 變成微積分

開車扭開收音機，播放的正是香港電台《自由風》節目，主持人加幾個傳媒老總和記協主席，在討論甚麼是「愛國者」、甚麼是「治港者」、甚麼是「公職人員」……

事緣那天的大新聞，是港澳辦常務副主任張曉明在《基本法》頒佈 30 週年的法律高峰論壇致辭時發表了重要講話，提出中央治港新思維中的一個重點：「愛國者治港」，於是引發社會討論。

愈來愈覺得，香港正步入一個低智階段，甚麼叫對？甚麼是錯？怎樣做是愛國？怎樣做是叛國？都要白紙黑字、一二三四地寫清寫楚，否則，不會判斷、不敢判斷。

就以那個《自由風》節目為例，拗了半個鐘，在研究「愛國者」如何界定？甚麼是「治港者」？甚麼才算「公職人員」？教師算不算？區議員算不算？護士算不算？……傳媒本該有教育大眾的作用，但今天的媒體似乎只在不斷教蠢大眾。

好簡單，打開糧單看看，誰給你發工資？誰就是你老闆。只要你的薪金是取自庫房，你就是公務員或者公職人員，這樣的ABC，幾個傳媒界大佬爭論半天還爭不出結果來？

「愛國者治港」5 個字不是文言文、不是隱喻暗喻，有那麼難明嗎？如果我是阿爺我會覺得香港人真費解，畫公仔給你畫出腸了，你們居然還要爭拗這腸內的排泄物是屬於吃葷還是吃素的？

昨天，公務員事務局局長聶德權表示，政府決定一次過推行公務員宣誓及簽署聲明，表示擁護《基本法》及效忠中華人民共和國香港特別行政區，講明若公務員拒絕聲明，升遷一定受影響。

難得有勇氣舉起屠龍刀，我希望當權者有勇氣砍下去，而不

是要一輪花招給中央虛應了事。

你進一間公司工作，老闆要你簽下承諾要忠於公司、不出賣公司，你不肯簽，下場一定是不獲聘用，你認為會有公司老闆如此仁慈說：「好的，你不願簽，那你工照返、糧照出，不過一定無得升職㗎！」

不願簽字宣誓效忠《基本法》、效忠特區的，下場只有一個，就是離場，如果不簽字的後果只是「升遷一定受到影響」，那麼對那些在部門已升到盡的、無位可升的，有何阻嚇作用？

不簽者不獲聘用是最簡單直接的 ABC，你請個菲傭她表明不一定效忠你，你都會趕快把她辭退吧？還留她在你家偷東西或者炮製加料飯餸？

請不要再把簡單的 ABC 道理搞成高深莫測的微積分，香港人實在厭倦了低智。

（原刊於 2020 年 11 月 27 日）

原來，這叫隔離

這一年，大部分香港人沒出過門，所以有檢疫隔離經驗的人不多，雖然大家都知道我們的檢疫系統「好流」，但不知「流」成怎樣？

直至這天，政府煞有介事宣佈：為堵塞輸入個案的漏洞，回港人士需乘坐指定交通工具到指定地方檢疫，並在指定酒店接受14日強制隔離，隔離期間不得有親友探訪，隔離完成後的抵港第19日再接受新冠病毒檢測⋯⋯

吓？我們一直以為，這是10個月前該做的事。

早已聽過不少匪夷所思的隔離例子，再印證今日政府之言，原來真有其事。

有朋友從菲律賓聘來外傭，一抵埠就被要求14日隔離。但政府部門向來各自為政，衛生署叫我隔離，但入境處就要我辦證，於是菲傭下飛機後第一天，就搭公車由機場過港島申領身份證，辦完手續，再到僱傭公司安排的宿舍住14日，其間不能外出，但宿舍其他外傭就自出自入。原來，這叫隔離。

有朋友從澳洲返港，在機場留了唾液後被送到青衣一間酒店，翌日有人通知他可以自行回家做家居隔離，之後就無掩雞籠地由得你坐公車還是坐的士還是走路。回到家跟老婆同住，老婆天天出街，隔離形同虛設。14日內沒有人打過電話問訊，感覺是由得你自生自滅。去到第13日，朋友要自行送唾液樣本去診所（再次通街走），但那個樣本，其實任何人吐口痰進去都無人知。原來，這叫隔離。

又有朋友從全球最大疫區美國回港，自選酒店隔離，與其他

人混在同一中央空調下，若他染疫，全層感染。期間，家人朋友經常來酒店探訪，談天說地。14 日中，沒人來量體溫；14 日後，沒人替你做核酸。原來，這叫隔離。

例子太多了，罵了 10 個月，政府這才明白，原來我們的入境隔離漏洞百出，好，我改，入境人士隔離 14 日後，第 19 日會跟你做檢測。

吓？為甚麼不是第 14 天做了檢測證實陰性才放你走？如果隔離完放你通街行 5 天才做檢測，那之前 14 日的隔離又有何意義？滴水不漏真那麼難嗎？為甚麼總是要留點空隙漏洞？

愈來愈覺得香港的防疫系統好精神分裂，這邊廂食肆酒吧戲院體育館聽聽話話嚴守甚麼 1.5 米距離、4 人限聚、2 人限聚，甚至關門大吉；那邊廂，原來紅館每晚有 6 000 幾人聚在一起吶喊歡呼聽張敬軒演唱會。

連續 8 場超過 5 萬人交叉聚集，出了個演唱會確診群組實在是意料中事。明晚又開始禁堂食了，那是給食店經營者放血式的一刀。10 個月以來入境檢疫系統的千瘡百孔，和人羣聚集標準的厚此薄彼，最終又是由食肆來埋單，做政府敗政下的替死鬼。

（原刊於 2020 年 12 月 9 日）

吃飯前，先算一條奧林匹克數

鯉魚門「銀龍咖啡茶座」門口，老闆娘 Kate 姐守在政府那個「安心出行」二維碼標誌及一疊紙仔旁邊，重複又重複說：「勞煩掃安心出行，或者填紙仔，多謝合作。」

心力交瘁的，不是由朝到晚說一千遍相同的話，而是每日無一倖免地要跟客人為此起衝突，然後被 X 老母。老闆娘苦笑說，這陣子，我娘親好忙，天天都有人問候。

Kate 姐是典型的守法順民，政府推出的政策她做到加零一，但對朝令夕改、改完又改的食肆防疫措施，一個如此撐政府的乖市民，都忍不住抱怨：「每次有新政策，我們都積極配合，但唔該政府諗新政策的時候，諗一些可行的。」

一言驚醒。

大家一直詬病政府的防疫招數天天新款又複雜，有人說，要理解，非常時期，大家忍耐一下，別事事投訴。我都反省，自己是不是刁民？是不是太挑剔？Kate 姐一句說中要害：改不要緊，天天改都不要緊，問題是：可行嗎？

政策要成功實施，先要有可行性，不掃「安心出行」者可以填紙仔，是可行性問題。你怎樣擔保客人填的名字、電話號碼是真的？其實，每間食肆天天都會收到千奇百怪的紙仔，有字體撩草到看不清名字及電話的，有 7 位數字手機號碼，有叫「武松」或者「習大大」的客人……

大酒店、高級會所當然可以安排人手守在門前看你登記，但也難保客人所寫資料真確無誤。小食店、茶餐廳人手緊拙更無可能派專人把守，不少食肆都是讓客人自己填完放入箱，怎樣填？

填甚麼？管不了，政府要做，大家做了就算，做官的和做生意的心態都是兩個字：交差。

最近，政府放寬食肆限聚令，那個 A、B、C、D 模式看到大家頭都暈，食飯啫，使唔使咁複雜？「可行性」3 個字，到底官員在計劃新政時有沒有考慮過？

員工打了一針、顧客使用安心出行，就可 6 人一枱、營業至 12 點；員工打 2 針、客人有安心出行又有打針，就可 8 人一枱兼營業至凌晨 2 點……還有那些宴會人數上限、不供餐飲婚宴規定……玩死的，仍是食肆從業員。

食環署要求有不同入座模式的食肆，要以平面圖顯示出 B、C、D 區，結果，4 人枱的 B 區爆滿不夠位，6 人枱的 C 區無人問津，客人見有枱不能坐，不是跟經理理論就是索性鼓躁離開，得罪了客人，流失了生意。

網民設計了一道牛津大學入學試級數的數學題來嘲諷新政：

「餐廳有 3 張 2 人枱、4 張 4 人枱、2 張 8 人枱，我們一行 8 人，當中有阿婆和小朋友，3 個打了針，5 個有安心出行 3 個沒有，應該點坐？」

這並非天馬行空，母親節快到了，一家人又要食飯，大家真的要計一回奧林匹克數。

為官的，請貼地點，請別再官僚地擺一個「我做咗嘢」的姿態，做事、做到事、做好件事，是不同層次的。A、B、C、D 一大堆條件，只是告訴大家你們做了事，但此事可行嗎？才是重點。

（原刊於 2021 年 4 月 30 日）

暴徒教師

有沒有想過，如果你家孩子每天上學日對夜對的鄰位同學，是個新冠肺炎的確診患者，作為父母的你會如何是好？

有沒有想過，如果你家孩子唸的學校有黑社會盤踞在內，作為家長，你會如何抉擇？

我想，任何一個父母，都會竭盡所能保護自己的孩子，令他們免於身體或心靈病毒之害。

一個暴徒教師，我相信，絕對比患了新冠肺炎或者入了黑社會的同學，遺害更嚴重。然而，教育局卻基於「私隱」2字，一直把藏在不同學校內的暴徒教師「姑隱」其名。

教育局截至 5 月的數字，原來已有超過 100 名中小學教師及 10 名專上院校教職員在黑暴中被捕，但至今竟然沒有一個教師被除牌，亦沒有一個被捕教師被公開姓名及任教校名，即是說，新學年開始，我們的孩子，隨時會成為暴徒教師的緊密接觸者，而所有學生及家長對這些潛藏炸彈卻毫不知情。

所以，由全國政協副主席梁振英牽頭的「803 基金」，日前就向法庭申請司法覆核，要求教育局公開已被裁定專業操守失當的教師姓名、涉事學校的名稱以及案件細節，以捍衛家長的知情權，防範青少年被灌輸偏頗的政治意識。

試想想，一個暴徒教師關上課室門，他 / 她向學生說了甚麼？教過甚麼？沒人知曉。一班 30 幾人，教師洗腦可不是簡單的一對一，而是一對三十的幾何級數。課室沒有閉路電視，校長或視學官也不會天天巡查，於是日復日的潛移默化，會把你家孩子教成陌生的暴徒，到你子女被抓的一刻，你才驚覺：「沒可能

的，他／她平時好乖的……」

這句話，警察局內的刑警聽過不少，尤其被捕的是未成年少年，看到父母來保釋時的一臉驚愕，大家更明白，這個一早要公開的暴徒教師名單及學校名字，到底有多重要。

教育局發言人曾表示，公佈失德教師或學校名稱的做法有欠公允。但，蒙蔽家長難道就對父母、對孩子、對社會公允嗎？隱藏害羣之馬，難道又對正常盡忠的教師公平嗎？

作為父母的我們，把孩子交到學校手上，是基於信任，信任教師的品德，信賴學校的專業。如果，那是一個惡人谷，專教孩子詛咒警察、違法達義、打砸搶燒，甚至做汽油彈，你認為，父母還會把子女交給他們教導嗎？

去年黑暴期間，各區晚晚有堵路暴亂，我女兒有次打籃球傷了手腕，翌日包紥着回校，黃絲老師看到，拍拍她肩膊說了句暗號：「下次出去小心點，香港人加油！」女兒說，老師一定是以為她昨晚掟完磚。試想，假如那是事實，撐暴老師的嘉許，一定成為學生再次衝上前的動力。

百多個教師及 4 000 多名學生被捕，證明老師的影響，果真是幾何級數的，他們就像隱形病毒，一傳百，百傳千，成為城市瘟疫。教育局如不盡快阻截這條瘟疫傳播鏈，我們的下一代將萬劫不復。

（原刊於 2020 年 10 月 3 日）

一個樂園的死穴

任何生物、事物都有生命線。

廣東人有句話：「勉強無幸福」，有些關係、有些生意、有些生命，走到盡頭，就該讓它好好安息、體面離開；買股票輸身家的通常都是因為不願斬纜止蝕，有些事，勉強存活，只能換來更大痛苦。

說的，是海洋公園。

生死有時，海洋公園式的樂園時代已經過去，回頭看看歷史，港島大坑的「虎豹別墅」存活了 64 年；九華徑的荔園經營了 48 年；海洋公園今天已踏入第 44 個年頭，老，是一個樂園的死穴。

戲都有得睇，無論馬戲團、動物園還是遊樂園，總有關燈的一天，它們不像博物館，愈老愈值錢。招徠孩子的地方，一現老態，就步向沒落的下坡路，浴火重生？一萬隻成了燒雞，才有一隻蛻變成火鳳凰。

日前，特區政府公佈海洋公園「重生方案」，擬免費開放山下園區給公眾享用，並引入商業夥伴在區內經營餐飲、零售等消閒娛樂設施，公園會保留保育和教育等項目自負盈虧，至於山上園景區則按點收費，遊樂設施則外判經營。

有評論員形容，這是把海洋公園變成「格仔舖」，做法荒謬。其實，想像一下，如果一間古堡改為劏房出租，古堡還有古堡的價值嗎？

「重生方案」中，山下區域是免費入場，主要做餐飲零售，即是說，所謂新招，原來只是在海洋公園多建一個商場而已。

去年 11 月，商務及經濟發展局局長邱騰華出席施政報告記者會時，曾提出珍寶海鮮舫與海洋公園可以互相補足、活化及帶動南區發展。我想像，如果珍寶海鮮舫重建在海洋公園的新商場，那該是多麼殘酷的一幕生態教育？孩子早上在山上看完魚，晚上到山下吃海鮮，弱肉強食，玩一天足以明白生態循環。

其實，去年政府已豪擲 54 億救海洋公園，今年宣佈再提供一次過非經常撥款 16.7 億撥款及 11.2 億補貼，政府總共給海洋公園免息貸款 67.9 億，還款期甚至延至 2059 年，超越了 50 年不變的 2047。

有甚麼人可以給你借幾十億、免利息、還要還款期 38 年？沒錯，我們庫房曾有萬億儲備，但俱往矣，一場瘟疫已耗掉老本，新冠疫情尚未有半點受控跡象，我們真的要把家產這樣敗下去嗎？

（原刊於 2021 年 1 月 20 日）

清零了，可惜不是疫情

說幾個發生在我身邊的真實故事⋯⋯

有一位女孩，父親是香港人，媽媽是內地人，家住深圳，在香港唸書，一直以來，都是跨境上學。

疫情來了，兩地封關，大家都以為只是一陣子的事，不想耽誤孩子學業，把她寄住在香港親戚家。

誰都沒想到，一住，就沒完沒了，長貧難顧，親戚下逐客令，父母叫孩子回深圳家，女孩因已唸至高中，回內地課程不知怎銜接，決定繼續留港完成 DSE 課程。於是父親再找朋友幫忙，把女兒安置到一間舊辦公室借住。

這一年，這小女孩，孤身一人，餐餐吃飯盒、睡尼龍牀，沒大人在身邊，幸虧這孩子懂事，沒想歪，沒學壞，暑假快到，她期待着回家的日子。

*****

有一位高管朋友，日理萬機，工作很拚搏。但這天，他突然向老闆請了沒期限的大假。

他說，母親在深圳病重，快不行了，我要陪她走最後一程，因為疫情，我已一年沒回去看媽媽，但這次，隔離都要去，這事假，也不知要請到幾時？如果你要炒我，我都沒辦法。

*****

還有一班退休朋友，過去一直是旅行遊伴，幾乎隔個月就相約出遊，近的去幾日潮州、惠州，遠的去一星期上海、蘇杭。新冠疫情襲來時，他們蠻有信心說，通關後，我們第一個目的地就是組團去武漢。

一年了，關未通，武漢未去，但團友中已有 2 人離世。朋友感慨說，真是名副其實等到死都未開關。

＊＊＊＊＊

　　這些，都是老百姓的真實故事，一場疫情，阻隔了幾多關係？影響了幾多家庭？製造了多少遺憾？數不清。如果，那小女孩被親戚驅趕後自暴自棄、自怨自艾，心靈受創，影響可是一世的。又如果，那高管因為兩地隔離見不了母親最後一面，這憾事，將縈繞一生。

　　所以，當大家扭開電視竟看到特首做節目主持，每天在曲線開展選舉工程，利用身份之便、以公營頻道訪問將來有份選特首的選委會成員時，已不說瓜田李下的問題了，單是那份有沒有把人民放第一位的心，就值得商榷。

　　「港台 31」一天播 2 次、共 40 集、由特首親自主持的《選委界別分組面面觀》，平均收視是 0.0，電視收視率 0.1 等於 6 500 人，那 0.0，即是低於 6 500，可能是 650，或者 65，看來，林鄭月娥的最大功勞是成功讓港台節目收視清零。

　　宣傳新選舉制度，可以假手他人，找劉德華、譚詠麟來拍效果一定會更好；但抗疫，只能靠特首領軍，無人可代替，一天拍 7 個訪問，還有餘暇兼顧特首工作嗎？當老百姓處於水深火熱，卻看到領軍者不務正業，一氣之下關電視，就是市民能作出的最無力控訴。

（原刊於 2021 年 5 月 14 日）

載着疫苗的蘇州艇

還記得，一年前新冠肺炎全球爆疫時有這樣的傳言：

為甚麼印度發病個案那麼少？因為印度人食咖哩，咖哩中含有的薑黃素原來可以抑制病毒防肺炎。

言之鑿鑿，那段日子不單多了人吃咖哩，還多了人吃大蒜、聞洋蔥、抹香油。而印度人也沾沾自喜，今年1月，印度總理莫迪還公然為印度「成功打敗疫情」搞大型慶祝活動。高官政客、平民百姓、部分媒體，真的以為印度已擺脫危機。

作為疫苗生產大國，印度從1月份開始推出「疫苗外交」，包括捐贈及商業出口，承諾向60多個國家提供疫苗，受到國際讚譽，印度媒體更將總理莫迪捧為「疫苗大師」。

莫迪絲毫不察覺這是捧殺，只顧不斷輸出疫苗，反而沒再積極推動國民接種。於是印度全國13.5億人，截至5月，接種了2劑疫苗的國民不到2%，遠遠不足以形成羣體免疫的要求。而且前期接種者僅限於醫護、一線人員如警察、45歲以上等優先羣體。

狂喜之後的鬆懈，讓願意主動接種疫苗的人也愈來愈少，大規模人羣聚集活動也再沒有人戴口罩。

之後一發不可收拾的結果，大家都看到了，今日許多印度人在搶打疫苗，但已經太遲。專家說病毒變種太多，受感染的人也太多，此時接種疫苗，已不可能羣體免疫，蘇州過後，無艇搭了。

所以，對抗傳染病，最重要是防患於未然，別等到海嘯才來找救生衣，一個大浪蓋過來，無人能走避得及，執筆當天，印度一日的新增個案已達41.2萬。

他山之石，可以攻玉。看到印度經驗，香港人別以為事不關己，長期強身健體，才可以抵抗惡疾，發現末期癌症才來做運動，已經太遲。

今日香港，是全世界最幸福的地方，我們大後方有國家支持，疫苗一定不會缺。早前世衛宣佈，西非窮國家幾內亞全國只買得 25 支疫苗，對比我們政府儲備充裕，保證每名市民都有 2 針免費疫苗可打，確實身在福中。

幸福不是必然的，當我們看到印度本來還興高采烈搞「疫苗外交」，轉個頭不出 2 個月全國就變成人間煉獄，珍惜擁有，是今日香港人應有的頓悟。

（原刊於 2021 年 5 月 8 日）

天天都是歷史課

小時候唸中史課，就到朝代覆亡前的朝廷狀況，來來去去不外乎這些原因：君主昏庸、揮霍無道、諸侯割據、黨爭不絕、宦官弄權、內憂外患、朝令夕改、苛捐重稅……考試時背上這些，總有一個答案能拿到分。結尾再加句：苛政猛於虎，總沒錯的，幾千年中國歷史，沒一個朝代能逃出這種滅亡方程式。

我以為，歷史讀得夠多，現代人該不會重蹈覆轍吧？原來，歷史也是一個循環，權力在手，不知不覺，就會走上同一軌跡。

這幾年，我們身為百姓，體會最多就是「朝令夕改」4個字。

說到鐵板一塊絕不能改的逃犯條例，被暴徒圍幾圍、兇幾兇，就跪下了、就收回了，所有犧牲都是白犧牲，要跪，為甚麼不早早投降？

還有估你唔到的抗疫措施，今天8人吃飯、明天4人、再明天2人、再再明天不能食，哎呀，原來有人要返工要食飯？那就吃吧、白天吃，晚上不要吃……

最新出台的是玩死花農，年宵市場，唔開又開、唔嫁又嫁。一個年年定時定候開的花市，一場存在一年的瘟疫，所有因素都是預知的，都可以搞到如此一鑊泡，想像一下，如果有不能預知的突發事件，這個政府還會有招架能力嗎？

花農用了一年心血栽花植樹，你一句取消，他們就要立即另尋出路，積極的四出找門路散貨，已租短期吉舖的大有人在；消極的發脾氣劈爛幾棵桃花或者不再澆水由得花果凋落免得眼寃。忽然你說，不如開返啦！一句戲言，跟當年烽火戲諸侯的歷史異曲同工。

朝令夕改，我一直以為只是歷史書上的形容詞，沒想到，2021 年，我們還要承受這種歷史的荒謬。

（原刊於 2021 年 1 月 21 日）

瘟疫後的官場現形記

怎樣評定一個夥計的工作表現合格否？最簡單的方法，就是驗證一下他／她能否做到老闆的要求。

2017年，習近平主席來港出席回歸慶典，並向新任公務員班子提出3句要求，我們就以這一年政府對新冠疫情的應對為例，看看這18萬公務員在習主席的標準下能否達標。

第一句要求是：「一寸丹心唯報國」，習主席說，香港是中國的一個地方行政區，作為特區官員，要有國家觀念，要站在國家的高度來觀察和思考問題。

如果官員有國家觀念，就會跟隨國家的抗疫步伐一起走，可惜一年下來，我們一直跟內地劃清界線，國家成功的經驗不學也不跟，最近特首宣佈已訂購新冠疫苗，其中一種竟是來自跟國家打貿易戰打到難分難解的美國。

美國近年毫不掩飾地打壓中國、制裁中國、抹黑中國，如果，你有一寸報國的丹心，而自己國家又有可信賴的國產疫苗，你還會向敵對國家大量購入嗎？換個角度想，華盛頓市政府會為他們的國民注射中國疫苗嗎？

有人又會搬出民主、自由、選擇權來，是的，民主社會可以有選擇，但選擇應該在民間，而不是在公營系統。你可以自費到私家診所打你喜歡的美國疫苗，但政府免費給市民接種的，我想不出有甚麼理由要用外國貨。

習主席的第二句要求：「為官避事平生恥」，他解釋：「『一國兩制』是前無古人的創舉，這就決定了在香港當官不是一件輕鬆舒適的事……」

即是說，這是個套餐，拿了名利地位好處，就要附帶接受千頭萬緒的苦差與難題。

可惜，我們看到只想做特首卻不想做困難決定的人，只想當官卻懶理民間疾苦的人。於是抗疫不力不是施政錯誤，而是市民不乖；政府做得不好，市民要體諒……

大佬呀，我們不乖？你說出入各場所要量體溫有誰不從？你說晚上全港不準堂食有誰違反？你叫我們體諒，全港市民體諒10個月了，結果如何？乖乖聽話仍然爆到滿城瘟疫，是市民的錯還是政府失誤？為官的，你們今時今日還要避事、還要抵賴？

習主席的最後一個要求：「上下同欲者勝」，即是說，團隊精神必不可少，管治團隊是一個整體，一榮俱榮，一損俱損。

然而，我們看到，全民自願檢測那一回，好多公務員、醫護、教師都不參與。特首身邊的抗疫顧問之一袁國勇醫生今年5月更公然表示自己不會打疫苗。到最近特首宣佈購入疫苗做全民注射後，袁教授取巧地說，我只會接種港大自己研發的疫苗，不會接種其他。上下左右都不同欲，怎能取勝？

習主席曾經給全國官員定下做幹部的標準：「不做政治麻木、辦事糊塗的昏官；不做飽食終日、無所用心的懶官；不做推諉扯皮、不思進取的庸官；不做以權謀私、蛻化變質的貪官。」

由去年人禍到今年天災，是香港公務員一場徹徹底底的官場現形記，大家不妨對號入座，看看誰是習主席口中的昏官、懶官、庸官、貪官？

（原刊於 2020 年 12 月 19 日）

第七章

守城，
不只是十五分鐘的戲

守城，不只是十五分鐘的戲

日前，油麻地部分地帶被列為封鎖檢疫區，特首林鄭月娥連同食衞局局長陳肇始等幾名官員一起到現場視察，中間發生了一段小插曲……

一身街坊裝的陳肇始局長戴着口罩臉罩，沒掛證件就往檢疫區直行直過，於是被一名守在出入口處的警員攔截查問。視頻在網上流傳，有人嘲笑小警員有眼不識泰山，也有人譏諷作為抗疫領軍的陳局長竟然無人認得。

我卻從另一角度看，是鎮守封鎖區的警員盡忠職守。管你是多大的官，沒證件，一律擋駕。正如一哥在警隊宣傳片《守城》強調的「小角色，大意義」，這警員，做好自己的本分，應該被嘉許。

由 2019 年黑暴到今天的疫情，香港問題不絕，最大原因，就是太多人沒做好本分。

高官避事、下屬卸膊、校長龜縮、教師不是教書、學生不好好學習、記者不客觀採訪、法官不公正審案、議員不為民請命、醫護罷工見死不救、社工帶頭參與暴動、子女犯法父母一同走佬……各行各業、各家各戶，都有不做好本分的人，社會螺絲釘鬆了，城市崩塌，是理所當然的結局。

話說回頭，上星期六在 TVB 首播的警隊宣傳片《守城》，說的是恐怖分子來襲時，香港警察如何擊退惡賊、保護市民的故事。微電影拍得非常有震撼力，市民也感受到，崩塌中的香港，全靠警隊一直堅忍不屈守護我城。

然而，挺住城市僅僅是警隊責任嗎？其他政府部門就可以翹

起雙手食花生？

　　一齣《守城》，帶出香港是法治之地、不容任何人放肆的訊息。經歷過黑暴，這樣的宣示，不只是警隊，更是所有政府部門的宣傳責任。特區政府行政署及新聞處應把這齣反恐片視為2021 年頭號宣傳目標，在政府總部、各區所有政府大樓、民政署、康文署、醫院、診所、母嬰健康院，還有大、中、小學內所有有電視屏幕的地方……日日滾動播放。

　　港府作為港鐵最大股東，加上黑暴時港鐵一直是暴徒破壞目標，更有大條道理在車廂電視不停播放。

　　要加強社會守法意識，不能只靠一支警隊，不能只靠一齣《守城》，每個部門各司其職守好本分、做好教育及傳播工作，才是根本。

　　守城，不只是 15 分鐘的微電影，更是一種人人應負的社會責任，官員治好香港、校長管好學校、老師教好學生、父母帶好孩子……人人做好本分，才能真正守好我城。

（原刊於 2021 年 1 月 25 日）

殺君馬者道旁兒

那天看電視新聞，我們罕有地一家人同時「吓」了出來，那是一宗金行刧案，5名14至17歲學生搶刧大埔一間金舖，刧去5.6萬元金飾。女兒驚訝地說：「14歲喎？中二咋喎，學人打刧？」

何只打刧，這些年，我們已看到太多視法律如無物的行徑。當大家的法治觀念愈來愈薄弱，年輕人犯罪率上升，似乎是早料到的結果。

昨天，警務處處長鄧炳強出席灣仔區議會會議交代罪案情況，他提到年輕人整體罪案數字上升，是因為過往有不少人鼓吹犯案：「佢哋話俾年輕人聽，犯法無嘢㗎、無後果㗎，你覺得啱就做啦！……做咩警察都拉我唔到」。

一哥又不點名批評離島區議員王進洋曾稱「大麻不是毒品」，以及西貢區議員葉子祈在巴士上公然拒戴口罩，這些行為不檢的區議員正正是在鼓動年輕人的不守法意識。

黃絲區議員這句「大麻不是毒品」，讓我想起一件舊事……

好多年前，我在《壹傳媒》工作，老闆黎智英有天請我們幾位員工去他家吃飯，幾位同事各自開車前往，黎老闆特別叫我坐他的車。行至中途，他拿出一個鐵盒，打開說：「這是大麻，要不要試？」

「我不吸毒。」我說。

「大麻不是毒品。」當時黎老闆說的，就是區議員的這句話，「你做傳媒，甚麼都要識，甚麼都要試，嚐一口？」

「老闆，我不吸毒，亦沒興趣試，你抽你的。」

「你平時好勇㗎，點解今日咁無膽……」

「係呀，我好無膽㗎！」勇猛不同逞英雄，當時我腦海冒出來的，是《警訊》，怎麼對白如此似曾相識？

一個有權有勢有社會地位的人鼓勵你犯法，你中招的機會率一定會比爛仔古惑仔的引誘高。如果我不是從小看《警訊》，可能我真的會試上一口。

所以，黑暴時期那些在暴力路旁拍掌的議員、大狀、醫生、教師、社工……都是把年輕人推上犯罪不歸路的兇手。黑社會叫大學生去劈友他們一定不會去，但大學講師振臂一呼叫大家帶齊「架生」去違法達義，他們一定會義不容辭。

想深一層，那些向防暴警割頸、向警察放箭掟汽油彈的行為，跟黑社會聚眾劈友有甚麼分別？還不是一樣犯罪？

社會最不能放過，就是那些推年輕人去送死的人，今天有孩子 14 歲就去打劫金舖，絕對是拜那些鼓吹違法的社會權貴所賜。學好三年，學壞三日，給政棍砸碎的守法觀念，要重建，路遙遙。

（原刊於 2021 年 5 月 12 日）

她的死，死於大家漠不關心

實在好久好久沒見過，「終身監禁」4 個字。

昨天審結的 5 歲女童虐殺案，親父及繼母被判處終身監禁，看判刑後的警方記者會，案件負責人高美儀總督察報告調查過程時聲音哽咽，完全明白，「沉冤得雪」這 4 個字有多沉重。

5 歲女童長期被虐打、被罰跪、被罰站、沒飯吃、沒牀睡……施虐的親父和繼母絕對罪不可恕，然而，這宗案最讓人心寒的，是周遭人的冷眼旁觀和漠不關心。

我有次睡覺時被蚊子在臉龐叮了幾口，醒起臉上有幾塊腫，外出已被朋友左問右問：「你塊面怎麼了？」小孩子頭顱身體四肢共有 133 處被虐打傷痕，老師、校長、鄰居、街坊甚至路人看到，不會覺得奇怪嗎？不會認為可疑嗎？還是心想事不關己勿多事？家家有本難唸的經？

高美儀總督察在簡報中說：「在此呼籲各界人士，如果發現身邊有任何兒童，在身體上有任何不尋常的傷勢，又或發現他們心理上有不尋常的突然變化，懷疑他們曾經被虐待，請向警方舉報。一個簡單的舉報，可以避免兒童繼續受到傷害，制止悲劇發生，甚至可以拯救兒童的性命。警方希望大家對虐兒案件不要視若無睹。」這呼籲，簡直是一字一淚。

如果，大家多看一眼、多問一句、多走一步，這 5 歲女童，可能不會就此喪命。

女童的老師作供時說了這樣一個畫面：幼稚園會為學生提供早點，一般小朋友都無法吃得完，但女童卻「食完一碗又一碗，吃了 3 碗麵。」

真心愛孩子的人，不會覺得有問題嗎？女童不是愛吃的肥仔，而是營養不良的弱女，這樣狂吃 3 碗麵，為甚麼老師可以無動於衷？

繼母的手機短訊顯示，本來可以自理的 5 歲女童，已倒退到要包尿片，還會在客廳失禁、吃自己的糞便、喝胞兄的尿、玩弄自己的生殖器官，這種精神狀態，難道鄰居、親友都沒發現異樣？

昨天竟有記者責問警方：「女童長期被虐，至死才揭發事件，警方有沒有責任？」

沒人報案，警方何來知悉虐兒狀況？難道警察要每天四處找孩子翻衣揭領來看看身上有否傷痕？到時你們又會罵警察侵犯私隱。

孩子被虐至死，警方用了 3 年時間調查、搜證、審訊，最終將罪犯繩之以法，讓無辜的孩子沉冤得雪，偏頗的記者竟然向警察問罪，不是本末倒置嗎？

當黑暴時你們天天喊「解散警隊」的時候，原來有這麼一班執法者正在努力為受冤者伸張正義。如果，警隊如你們所言解散了，這對殘殺女兒的獸父母，將會繼續逍遙法外遺禍人間，哪會有終身監禁的法治彰顯？

（原刊於 2021 年 4 月 21 日）

通緝犯家人報警找通緝犯

想像一下，在灣仔警察總部的報案室，出現以下對白：

「喂，黑警，我哋嚟報案！」

「先生，你去錯地方，呢度無黑警。」

「你咪係囉，解散警隊，刻不容緩！」

別以為是笑話，這班乜都敢死、乜都做得出的反對派，他們的所作所為是我們正常人永遠估佢唔到的。

這天，他們就真的夠膽死帶着 12 逃犯的家人，來到灣仔警察總部，找他們口中的「黑警」報案，要求「刻不容緩解散」的警隊，立即向他們交代潛逃家人的狀況，要警隊及香港政府盡力「營救」12 逃犯回港。

這實在是一宗天下奇聞，惡人先告狀我們見得多，未見過可以惡成這樣。

奇事一，警察在反對派口中明明是殺人、放火、強姦、毀屍、暴打、講大話……乜都做得出的團夥，何解你們竟向如此恐怖的機構求助？你們不怕一步入警總，統統被雞姦然後殺人滅口毀屍再人間蒸發嗎？

奇事二，大家可有聽過恐怖分子會去報案？嗱，我個仔掉汽油彈，恐怖分子嚟嘅，為咗逃避法律制裁，所以偷渡潛逃去台灣，點知中途被大陸海警截獲拉咗。雖然佢哋係恐怖分子係通緝犯，但佢哋都係香港人，嗱，政府你有責任保護市民㗎……

奇事三，通緝犯家人報警找通緝犯，這句話，好玄，好難明、好犯駁，但卻成了事實。

奇事四，朱凱迪說要警方公開甚麼衛星雷達紀錄，看看 12

逃犯那艘出海釣魚的大飛走過甚麼路線？當中有沒有內地海警越境執法問題？有沒有香港水警袖手旁觀問題？咦，你們不是連裝了 CCTV 的智慧燈柱都砸掉了嗎？你們不是說這些科技追蹤侵犯市民私隱嗎？12 逃犯又沒用華為手機、又沒參與全民肺炎檢測送上 DNA，何來資料追蹤行蹤？偷渡路線，私隱嚟嘛，警方怎敢侵犯私隱？

有記者問：「上次有 12 個家屬開記者會，今次只剩 4 個，到底今日會有幾多家屬報案？」議員的答案叫人拍案叫絕：「家屬唔係個個願意上鏡，但集體報案就一定唔止呢個數，至於人數幾多我就唔方便透露……」

吓？你們連幾多家屬報警都唔講得，但卻兇神惡煞要求警方：「唔該你哋認真調查同交代事件始末！」

交代？交代甚麼？要政府交代？要警方交代？不如叫你個仔先交代為甚麼出來掟汽油彈？為甚麼要潛逃？為甚麼逃去台灣而不是菲律賓？為甚麼一個學生仔會有一百幾十萬付偷渡費？……交代？你們先跟香港市民交代吧！

政務司司長張建宗說，已跟 12 港人家屬聯繫超過 80 次。保安局局長李家超稱，特區政府無探視權。拜託，政府能不能強硬一點？用語準確一點？那不是「12 港人」，那是「12 罪犯」，無論警方或是政府發言人，在回應此事的劈頭第一句，唔該清楚說明：這 12 個是通緝犯，不是普通市民，香港政府沒責任保護通緝犯的，講完！

（原刊於 2020 年 9 月 21 日）

冷飯盒

我是一個警察，因為個人原因要到澳門去，無可避免地接受14日隔離。

好多朋友已預言，在酒店隔離比坐牢更難受，悶到抽筋，度日如年，三餐飯盒又凍又難食，所以一定要有心理準備，不妨帶備電煲煮公仔麵，或者搜集附近食肆資料叫外賣。

不經不覺住了10天，數一數已吃了30個飯盒。飯菜送到房間時，確實已涼了，但我覺得沒問題。不斷有人問我要不要補給？我說不用了，他們驚訝，因為我是第一個說酒店食物沒問題的隔離者。

每次有員工來收垃圾，我都會在垃圾袋上留張紙條：「辛苦了，謝謝你們！」因為我明白，即使好微小的位置，都是整場抗疫戰中不可或缺的崗位。

隔離的日子，一點也不悶，時間過得好快，轉眼又一日。也許，過去的歲月太忙碌，一日十幾二十個鐘，有返工無放工，好久沒試過，乜都唔使做，坐定定喺度。

回想過去十幾年，每逢大型事件出勤，我們都是吃飯盒，因為我是帶隊的，習慣讓同事先挑選，人人吃完、吃飽、夠數，我最後才吃，所以每次都是吃被揀剩的款式，攤得太久，飯盒必定是凍的，但我總食得滋味，因為餓嘛！

久而久之，煉出一種吃冷飯盒的修為。我愛吃珍饈百味，我也能忍受冷飯盒，因為我們是紀律部隊，配合安排，不抱怨，才是專業。

去年冬至，正在打暴動的日子，人們一家團聚，我們街頭當

值，這夜，處長特別安排了熱騰騰燉湯給前線同事，捧着那碗熱湯，溫度透過掌心，暖上心頭。從前大家聽太多伙食怨言：「都唔係人食，叫42樓（指警隊高層）自己試吓食……」新一哥上場後，生肉冷飯，不聞久矣。

感謝這14天隔離，啖着冷飯盒，竟然一點不覺苦，反而吃出一幕幕與同袍共戰鬥的溫暖回憶。

（原刊於 2020 年 9 月 17 日）

一人做事，到底幾多人當？

這幾天的陽光燦爛，令大家好快忘卻了幾日前的 8 號颱風「浪卡」。

雖然那是 60 年來最遠的 8 號波，雖然大家都戲謔「無風嘅、無雨嘅」，但據專家說，因為「浪卡」外圍有一條烈風帶，故最強的風不在熱帶氣旋中心，而在風暴外圍。即是說只要「浪卡」向北漂移 10 公里，維港兩岸的烈風就會好嚴重，這正解釋了為甚麼打風那天看似無風雨，但天文台仍掛起 8 號波，因為我們原來只離危險半步之遙。

不過，無論颱風是強是弱，打風時總會出現一種畫面，就是有市民去海邊觀浪，甚至冒險跳進大海滑浪尋刺激。

那天，Facebook 有個叫「公務員 Secrets」的專頁就有人上載一篇文章，題為「喺風球下救護員出海救你哋，我哋都是半隻腳踏入鬼門關。」

說中要害。

你拿自己的命仔「較飛」大家管不了，但請別要人家陪你一起陷入危機、無辜受傷，甚至丟掉生命。

剛當完「打風更」的消防朋友說：「行船跑馬三分險，打風返工預咗辛苦預咗危險，因為塌樹、警鐘誤鳴、升降機困人的出勤特別多，我覺得無所謂，服務市民是我們的天職。然而，這信念，在某些情況下真的會動搖，譬如，颱風或惡劣天氣下要出動去拯救一些喜歡挑戰自己及挑戰大自然的人。」

總有些人腦袋結構跟大家不一樣，打大風才來上山下海。

「有次 10 號風球，我們突然收到召喚，有 2 名觀浪人士被困

碼頭。當時風雨交加，天氣極度惡劣。到了現場，我們只看到一個熟悉的堤壩及陌生的海旁，因為平時見慣的碼頭已被海水淹沒，2 名求救人士被困在海中心那個本來是碼頭的盡頭。我們立即前行拯救，雖然只是幾十米的距離，但每走一步都被巨浪拍打推回，名副其實舉步維艱。結果，一段平時 3 分鐘走完的路，我們足足用了十多分鐘才抵達。」

救回被困人士後，他們說，原本只是想到碼頭感受一下巨浪的威力，沒想到海水會一下子急漲。

因你的一時興起，隨時令別人為你丟掉生命，影響不只是一個人，還是一個家庭、一羣同事、一班夥伴，這後果，可有人想過？

朋友還說起，2017 年 8 月，8 號風球「帕卡」襲港，2 名行山者被困飛鵝山，結果消防及警方聯手共動用近百人登山拯救，最後救回 2 人，但所耗資源、所冒的險，無法估量。

一人做事真的只有一人當嗎？還是一人做事要多人當？我認為，這種惡劣天氣下仍要以身犯險的人，應該要承擔所有相關的拯救及醫療開支，否則救了小命忘了痛，下次打風又玩過，變成「一人做事別人當」了。

（原刊於 2020 年 10 月 16 日）

見血和不見血的痛

明天十一國慶，撫摸着手上滲血的疤痕，原來這疼痛已持續整整一年。

他是小虎 sir，去年國慶日，黑暴來襲，他們奉命守護屯門大會堂門前豎立的國旗，其間被暴徒潑倒的腐蝕性液體所傷，右手手臂及背肩位置要大面積植皮。這一傷，連小虎自己都預算不到，竟已躺在醫院一年了，相信這樣的日子還會繼續。

黏連在身是不知名屍體的屍皮，由最初的極度震撼到現在已成習慣；每晚來襲的疼痛，從此將與小虎相伴隨；最難頂的是痕癢，搔到見血已經是家常便飯。

止痛藥已用到馴服大象的劑量，但在小虎身上仍看不出效果，因為鏹酸的傷跟一般燒傷不一樣，化學液已把神經線徹底破壞及腐蝕。

疼痛像跟小虎有仇，一看到他安然入睡就來個大整蠱，夜半劇痛來襲讓他幾乎一整年不曾好好睡覺。

一年前，小虎用一條手臂換回五星紅旗的尊嚴，那是真正的一雙護旗手，只是這手臂已滿佈斑駁傷痕，和不時滲出的膿水血絲。

社會上的平安與寧靜，都是執法者用生命換回來的。暴動過後，人人如常生活，國旗依舊升起，大家漸漸忘記，原來我們的社會守護者有的仍在病榻中苦苦掙扎，有的仍帶着纍纍傷痕重新上路。

小虎身上，是看得見、痛入心的傷，但有些警察承受的，卻是不見血的痛。

暴亂期間因為每天在警方記者招待會中出現，總警司謝振中一家成了黃絲黑暴的狙擊目標，兒子唸書的學校外幾條街，全貼滿謝 sir 一家人的起底照片。為免被針對被騷擾，他們一家已一年沒一起出外用膳過，丈夫不敢攬着太太肩膀、爸爸不敢拖着兒女的手，因為這些簡單動作，隨時會讓家人帶來危險的報復。

　　血止住了，但內傷未癒，即使今日謝 sir 已離開警察公共關係科，轉到另一個警察崗位，但起底式欺凌還在，那頓一家人拖着手出外吃飯的冀盼，仍是遙遙無期。

　　一年了，黑暴過了，但守城警察為我們承受的痛，卻一直延續着。

（原刊於 2020 年 9 月 30 日）

雞髀、燒賣、維他奶

　　今天在網上看到一篇警察心聲，是的，這些年，警察的心情故事，只能在網上零零碎碎地流傳，沒名字、沒出處、沒平台、沒大台，但看得出，故事是真的，感覺也是真的。

　　他們宣洩無門，只能讓心事在雲端四飄，像電影裏流落荒島的倖存者，他們把苦澀遭遇、把心情片段，寫在紙條，塞進玻璃瓶，讓它在大海飄流，茫茫地等一個機會，等有人拾起、看到、留住這段黑暗歷史。

　　終於，看到曙光了。警察部與鳳凰衛視合作把針對「反修例」黑暴的「踏浪者行動」作了一個完整而真實的紀錄，製作了齣紀錄片《暗夜星辰》，日前剛剛推出，最感恩是，我看到鏡頭前一個個光明磊落的警察臉孔。

　　這一年，因為起底成風，除了要出來對鏡頭那些，所有警察，幾乎全都要蒙面見人，有些接受訪問時還變了聲，我覺得，這是香港最最可悲的地方。試想想，連執法人員都保護不了自己，都要躲藏在馬賽克後面，不敢以真面目見人，我們這些手無寸鐵的小市民該如何是好？

　　說回那篇網上警察心聲，講的正正就是他和太太看完《暗夜星辰》的感觸。作者是「踏浪者行動」其中一員，他說，由去年6.12開始，就常常在當值時上傳一些吃飯照給太太看，太太誤以為每次在家中看電視的暴亂場面，都沒丈夫份兒，因為他正在吃飯。

　　文章還寫下這位警察一次元朗鎮暴的經歷：

　　「我記得有次在元朗拘捕了一個青年，那時已是凌晨 1 點，

他跟我說，由早上 10 點出門吃過早餐，之後下午 3 時飲過一罐可樂，就再沒吃過東西了。當時我同事剛剛拿了一份宵夜給我，裏面有雞脾、燒賣、維他奶。其實我都是由中午開始執勤，一直未吃飯，但見他看着我那份宵夜的眼神，我至今仍記得，於是我把雞脾和燒賣給了他，跟他說：『你食雞脾燒賣飲水，我飲維他奶。』我沒憎恨他們，我只憎恨背後那些煽動者。」

早前我也聽過警察朋友說起這些年輕被捕者的故事，有一回，抓回來一班暴徒，幾個十來歲女孩子坐在一排等落口供，她們手拖着手在唱《榮光》，邊哭邊顫抖。女警問她們：「冷嗎？你們幹嘛在抖顫？」女孩昂起頭一副慷慨就義相，說：「來吧，要姦要殺，我們都不怕！」女警哭笑不得：「你們震足一個鐘，仲話唔驚？不過放心，這裏沒人得閒姦你殺你，你哋諗多左喇！」

看《暗夜星辰》，參與行動的曾浩然警長說中要害：「暴力在年輕人心中滋長了，就難抹除。」是的，這些年，我們最痛恨的，就是幕後操控者把整整一代年輕人煽弄成仇恨者，他們把青春，浪費在無緣無故的恨意中。

（原刊於 2020 年 7 月 24 日）

不能伸直的手指

幾個月了，M警長的無名指依然是90度屈曲，不能伸直。因為那隻不是持槍的手，因為不想在「踏浪者行動」中放病假置身事外，M警長選擇了繼續屈曲着手指披甲上陣。

那是半年前的一次平暴，M警長和隊友被暴徒圍攻，亂磚如雨，他們忘了傷忘了痛，且擋且退，回到基地，才發覺3隻手指已受傷變形。

事後診治，手指有骨折、有筋腱斷裂，幾時受傷？為何受傷？混亂中已無從稽考，只記得當日中過磚、中過棍、中過傘、中過拳、中過腿、也跌倒過，工傷，是肯定的了，醫生說要開刀，但因為不見血，也不屬緊急手術，要治療，惟有排期惟有等。

有些內傷、筋骨傷，錯過黃金治療期，傷患就會成為永遠。偏偏抗暴前線遇得最多，就是這種不見血的創傷，好多警察恃着年輕，回家塗塗藥酒算了，後患，可能十年八載後才會呈現。

像M警長，無名指一直屈曲着，半年了，筋腱都硬了，肌肉有點萎縮，其實時間拖得愈長，治癒的機會就愈低。

長遠難癒的傷，除了身體上，還有精神上的。

去年11月，西灣河一名交通警在清理路障時被挑釁搶槍，結果該警長轟出2槍制服暴徒，然而，那2槍卻改寫了他的人生。

還記得那天開槍事件發生後，半小時不到，網上已有人鋪天蓋地把警長及他的家人起底，暴徒更火速趕至警長2個女兒就讀的德望中學，恐嚇要把她們從天台丟下樓。

警長本來是女兒就讀學校的家教會主席，因為那維護法紀的2槍，他被迫退出家教會，2個女兒也被迫轉校。

最近，警長更被立法會議員許智峯提出私人刑事檢控，竟獲法庭接納及發出傳票，隨時面臨可判處終身監禁的「意圖造成身體嚴重傷害而射擊」、「罔顧他人安全的情況下發射彈藥」及「處理槍械而其方式相當可能傷害或危害他人的安全」3 項控罪。

因為開了 2 槍，阻止了暴徒的暴行，警長人生從此改變，現在還要獨力面對法律訴訟及精神打壓。他身上沒有看得見的傷痕，但在警長及家人心坎，卻剖開一道深深的傷口。

淌血，不一定是有形的，無形的傷痕，有時比皮外傷更痛更難癒合。3 萬警察在過去一年承受的痛，外人知道的大概只有千分之一。

（原刊於 2020 年 6 月 17 日）

我無報警！

　　終於看見香港警察堂堂正正走進大學校園搜證、緝兇的畫面，一個本來理所當然的正常行為，這些年一直被反對派、被大學管理層、被搞事學生抹黑，令大學校園不知從那天起，便成了法外之地、成了三不管地帶。

　　日前，警方新界南總區刑事部及沙田警區重案組採取聯合行動，突擊搜查多個地區住所及中文大學宿舍，拘捕 3 名 19 至 22 歲的中大學生，之後再有一名學生自首，連同早前被捕者，中大共有 5 名學生因涉及學校保安員襲擊案被捕。

　　如負責警司陳志昌所言，大學並非法外之地，警方絕不容許有人利用中大的特殊環境掩護罪行，假如有罪案發生，警方必定嚴正執法。

　　陳警司說中要害。

　　這些年，我們聽得太多「校園是私人地方，警察不能內進」的論調；也聽得太多學校管理層向學生、向公眾舉手投降說：「我無報警！」這些說法、這些畫面，非常荒謬。

　　警方幾十年來的宣傳，不是叫大家遇到罪案要報警、有危險就打「999」嗎？然而，黑暴至今，嚴格來說，是佔中至今，我們看到的都是大學管理層「我沒報警」、「不是我報警啊」的反面示範，這種反其道而行的教化，正是包庇罪行、縱容學生犯法的元兇。

　　我記起，2015 年夏天的某個夜晚，位處市區的理工大學發生了一件小事……

　　那夜凌晨，2 點左右，天氣悶熱，2 名巡警巡至理大外圍，

口乾極渴，瞥見校園入口處有部汽水機，於是走過去「嘟」了 2 枝飲品，站在汽水機旁把飲品飲掉，然後繼續巡邏。

剛巧，有個夜歸的大學生路過，發現校園竟有警蹤，立即跑去保安部投訴，保安員跟學生走出來看個究竟，大家像小學生發現鄰位同學過界一樣：哦，你死喇，你過界……

原來，大學有條規例，警察進入校園要先通知大學保安，那 2 名巡警「過了界」入學校買汽水，於是各方大造文章，最後校方譴責、警方道歉。

如果，那 2 名警員不是買汽水，而是發現竊匪、或者發現有人正被強姦，警察遠遠看到，也不能踏入校園執法嗎？也要先通知大學保安，然後保安再問管理層拿批准嗎？

冰山一角的小事，就像白蟻洞，不斷蠶食警隊的執法權威，為社會製造愈來愈多法外之地。

黃媒報導拘捕事件，用「警闖中大拘學生」，警方不是「闖入」，是光明正大進入校園。普天之下，都是執法者能踏之地，如果警察在我城走動，這裏不能去、那裏不能入，如何保護市民生命財產？如何維持社會治安？

有罪行發生就有警察蹤影，有人犯法警察就會拘捕，學生犯法與庶民同罪，香港沒有法外之地，世上更沒有不可拘捕的人。

（原刊於 2021 年 1 月 27 日）

妄想的貞節牌坊

暴動現場暴徒及那些假街坊叫囂罵警察的畫面我們見得多，但其實，因近年仇警氣氛影響，在日常生活中，執法者也經常面對無理追罵。

有位負責清明節掃墓人流管制的警察朋友告訴我，他在封路線上站一天崗，就已給問候了祖宗十八代、廿八代、卅八代。

「我的職責是守住防線，把人羣疏導向另一邊走，黃絲路人知道我們不能離開崗位，故意走到我們面前，指着鼻子不停講粗口，還舉中指說些挑釁話。『好仔唔當差』、『黑警死全家』、『人肉雪糕筒』等等侮辱字眼我們已聽慣，於是他們會故意說一些更難聽話：『你喺度碌葛，你老婆飢渴』『睥咩呀睥？我交稅㗎，你份糧都係我出㗎！』，再加幾句『拉我吖笨、打我吖笨，我影住你㗎』，務求把我們辣㷫……」

「有次上司見黃絲罵得兇狠，走過來笑着問：『先生，你一年交幾錢稅呀？等你交稅多過我先再嚟大我哋啦，而家邊個養緊邊個都未知呀……』」

「感謝他們，多得他們的特訓，我已練成一絕招，就是一聽到謾罵，我會把眼睛望向遠方，那眼前的粗言穢語，就會在耳中化成一句句『南無阿彌陀佛』，萬試萬靈㗎！」

沒想到，一個小小警員，已有如此高的情緒智商。反而一個號稱帶領香港、被捧為未來希望的國際級政客黃之鋒，竟然連幾個小市民的異見都接受不了，不僅反唇對罵，事後還起人底放上網公審，這種器量，連一個小警員都不如，還妄想當政治明星？

剛過去的星期日，黃之鋒在山頂放狗，遇到幾個政見不同者

追着他辱罵，他不單用手機反拍市民，還不斷誣陷人家跟蹤他，又懷疑對方不是記者就是國安，事後更把對方的車輛照片及牌照資料放上網，說查出車主是住在順利邨紀律部隊宿舍的警長，從而得出：「警隊有一條龍服務，提供車輛給針對特定政治人物進行滋擾」的結論，要求警方給他回覆。

姑勿論黃之鋒是否患了妄想症，一個政治人物，在街上被不同政見者罵幾句，實屬正常現象，難道你們追求的民主社會就是如此一言堂？只能對你歌頌膜拜，不能對你晦氣追罵？

沒政治立場的警察，純粹執行職務，都被你們辱罵了幾年；你拿了政治紅利、上了時代雜誌，被人罵幾句，算甚麼呢？

做妓女就預了永世拿不到貞節牌坊，做漢奸就預了世世代代受世人唾罵。那幾個喊打的人，黃之鋒心知肚明不是記者也不是國安，而是真真實實的香港市民。

離地太久、在掌聲中活得太久，黃之鋒終於感受到真正的民情，殘酷吧？恐懼吧？放心，這只是頭盤，你多點到街市、地鐵走走看，洶湧的民情將陸續有來。

（原刊於 2020 年 8 月 24 日）

來生要做隻白鴿

去年 11 月 13 日，警方奉命到沙田一帶清除路障並驅散集結者，一個住在港島半山名叫鄭卓敏的女子看到警察後大叫：「黑警，收隊」，並順勢拾起地上磚頭掟向執勤警員。

被擲警察本能退後了幾步所以沒被掟中，磚頭落在眼前，於是警方有證有據把鄭女以非法集結及襲警罪名拘捕。此案上星期在屯門法院審結，裁判官說遇襲警員在法庭上的證供存在疑點，故裁定被告罪名不成立。

同是去年 11 月，大批市民在銅鑼灣悼念墮樓不治的科大學生周梓樂，當晚有暴徒趁機搞事，一名叫林耀庭的無業男子在崇光百貨門外向一軍裝警署警長掟磚，結果被控襲警。因為警察沒被磚頭擊中，也因為法官認為警察口供有疑點，結果案件在今年 6 月審結，東區法院法官判被告罪名不成立，當庭釋放。

如果，這幾個警察是隻不會說話的白鴿，事情就會不一樣。

今年 4 月，新冠肺炎肆虐的日子，71 歲的老伯黃仕元在清晨路經上水彩園村行人天橋時，看到一羣白鴿聚集，擔心鴿糞傳播病毒，於是在天橋上的花盆取了塊石頭掟向鴿羣，試圖趕走牠們，誰知沒擊中鴿子，只打中單車徑旁的隔音屏，被巡警發現控以公眾地方妨擾罪，前日在粉嶺法院被判有罪，監禁 6 個星期，即時入獄。

到底，是人不如鴿還是警察的命不是命？同是被掟、同樣掟不中，施襲者的下場竟可以如此差天共地。如果我是警察，我只希望來生做一隻白鴿，一條被所有人都尊重的生命。

（原刊於 2020 年 11 月 12 日）

新世代殺人武器

問一個阿媽係女人的問題：甚麼人最害怕警察？答案是：賊、罪犯、犯法者。

再問多個阿爸係男人的問題：甚麼人最憎恨警察？答案是：被捕的賊、被捕的罪犯和被捕的犯法者。

所以，當特警、防暴隊、飛虎隊執行任務，對付暴徒、悍匪、惡賊的時候，適當的身份保護，以防止對方復仇，是正常不過，也是國際標準。

更何況，去年黑暴至今，社會上出現對警察的全方位起底、攻擊、凌辱與報復，已經證實，執法者肩膊上的編號原來就是最大的起底源頭。

猶記得 2019 年 11 月，西灣河發生交通警開槍射傷搶槍暴徒事件，新聞直播清楚看到開槍警長的樣貌及肩膊編號，事發不到半小時，連登的起底平台已迅速貼出警長的個人資料，查到他 2 個女兒都就讀德望學校，並在網上號召及鼓動「手足」，一齊去德望把警長的 2 個女兒掉落街。

警方得悉後立即派人到學校把警長 2 個女兒接走，果然，前腳離開，暴徒後腳就湧到學校。這正是一個活生生例證，說明暴徒及社會仇恨者如何使用警察膊頭上的私隱漏洞，去進行他們非理性的報復行為。

為了保護執法者和他們的家人，警方改用行動呼號，從此，防暴警察、速龍小隊執勤時，不會再展示個人警察編號。

然而，暴亂中涉嫌暴動罪被捕的楊子俊、長洲覆核王郭卓堅及暴亂助攻手香港記者協會，早前就警方不展示個人警察編號以

至無法投訴，提出司法覆核。高院法官周家明日前裁定政府和警方敗訴，稱警察不展示個人編號是違反《人權法》。

此判決一出，全城譁然，警察朋友的反應更是「鬧爆手機屏幕」，原來執法者和他們家人的生存權，竟不及暴徒或罪犯的投訴權。

周家明法官甚至在判詞說：「法庭明白，警員擔心被起底，但保持投訴機制有效運作，比警員擔心被起底更為重要。」

周官你搞錯了，警員不是擔憂，而是正在承受加諸他們身上的起底欺凌甚至犯罪行為。根據警方資料，黑暴至今至少有 3 800 名警察被起底，他們的名字、電話、地址、生活照片、家人資料都被大規模公開，所以他們不是杞人憂天，他們是身陷苦海。

試想想，如果那天，開槍警長 2 個女兒走遲半步，被瘋狂的暴徒捉落街，敢問周官：人命重要？還是投訴重要？

如果，起底是一種新世代殺人武器；我相信，司法將是打擊警隊的新世代手段。

（原刊於 2020 年 11 月 21 日）

一哥幫手教仔，段爸躲到幾時？

　　一個人最讓人瞧不起，就是欺凌攻擊守護你、服務你、照顧你的人。而更讓人不齒的，就是這些施襲者都讀過書。

　　前天下午，中文大學港鐵站出口有 8 名黑衣蒙面人硬闖大學保安站，並大叫「唔使 show 證」，呼籲其他進入校園的人不必向保安員展示證件，黑衣人隨後推倒保安搜查站的鐵欄鳥獸散。

　　此舉擺明就是挑釁，保安員職責所在，立即追趕。忽然，有人向保安撒灑不明白色粉末，尾隨追趕的保安員冷不防眼部中招，校方隨即報警，一名 20 歲男子涉嫌「公眾地方行為不檢」及「襲擊」被捕，事後證實他是中大歷史系學生。

　　在世界任何一處地方，對別人忽然噴撒不明粉末，都屬恐襲行為。黑暴應該看到近日美國警察如何對付闖入國會的人，如果，你在美國推倒鐵欄再向追逐的警員撒粉末，我好肯定他／她至少要吃一記子彈。

　　今日，8 個黑衣人來搗亂只拉了 1 個，算是手下留情，但甚麼是惡人先告狀？看看中大學生會刊出的一份「聯書院學生會嚴正聲明」可見一斑：「……保安組人員猶如『中大速龍小隊』，肆意侵犯師生之人身自由，於校園內橫行無忌，嚴重威脅所有校園使用者之人身安全……」

　　聲明咬牙切齒罵的所謂「侵犯人身自由」、「橫行無忌」，其實簡單用 3 個字就可概括，就是：「查證件」。

　　你回家進大廈前要不要按密碼？要不要掃住戶證？保安員是不是有權查閱陌生人身份？記錄他資料？甚至拒絕疑人進入？你住的地方尚且有此需要，更何況偌大一間大學？一間曾經成為汽

油彈戰場的大學？這點保安檢查，有這麼恐怖嗎？有這麼侵犯人權嗎？有的話，原因只得一個：就是你們身有屎。

唯一認同的，是學生會聲明中這 3 句：「冰凍三尺非一日之寒，校方的不作為，正是保安人員及學生屢次發生衝突的最大元兇。」

學生多次襲擊大學保安員，一直未見校長段崇智站出來說過狠話，自己的學生對自己的夥計動粗，作為一個教育工作者，你沒打算做任何教育？你沒想過作任何懲處？作為一個上司，你沒打算為下屬討個公道、爭個說法？

昨天，竟是身為中大校友的警隊一哥鄧炳強開腔幫段爸教仔：「究竟我哋嘅大學生幾時變到咁目無法紀，成為欺凌別人的暴徒？佢哋咁做不單違背中大校訓，亦達唔到人類基本良知要求，亦令好多表現優秀嘅中大學生蒙羞……所有中大學生、畢業生及社會各界，都應該對呢啲行為予以譴責……任何姑息、包庇只會令呢啲學生愈踩愈深，今日可能係不知名粉末，我唔希望有日再見到『火燒人』嘅事情發生……」

我，作為一個中大畢業生，今天就響應一哥呼籲，不單對暴徒學生強烈譴責，更要求段校長站出來嚴厲懲處，否則，你愧為上司、恥作教者。

（原刊於 2021 年 1 月 13 日）

只想回家過中秋

「你份人就係太大愛，吓吓都諗人，有時我真係想你自私啲諗吓自己……無論將來如何，你都係我嘅寶貝仔，媽咪以你為榮。」

從以上幾句話，大家應該看得出，這是一封母親寫給孩子的信，然而，字裏行間，你能猜到，這孩子幹了甚麼令父母引以為榮的事嗎？

答案是：襲警、暴動、潛逃、偷渡。

許多人說，香港年輕人出了大問題，主要是源於教育。我覺得，所謂教育，其實應分為 3 部分：學校教育、家庭教育、社會教育。好明顯，以上例子，是家庭教育出問題。

首先，這個叫李子賢的兒子，其實已經 29 歲了，他是個測量員，不是無知學生，也不是懵懂少年。去年 9 月 29 日在金鐘的違法示威中，他不單參與暴動，還襲警，結果被判罪，上庭時好彩遇上裁判官錢禮，獲保釋外出。

李子賢並沒有珍惜自由的機會，選擇棄保潛逃，跟另外 11 名重犯坐上大飛偷渡到台灣，途中被內地海警截獲，至今仍被關在深圳鹽田看守所。

而這些行為，在母親眼中，原來叫做「大愛」，叫做「諗人哋唔諗自己」，甚麼樣的家教，果然就會教出甚麼樣的下一代。

家庭教育出問題，連社會教育也有問題。社會教育來自傳媒，就以這 12 個逃犯的新聞為例，香港媒體到底做了甚麼社會教育？

官媒香港電台新聞部專訪了逃犯李子賢的父母，這位母親除

了寫了上述那封思念孩子的信，還控訴說：「點解咁乖嘅一個小朋友會搞到咁？可能父母有責任，但社會都有責任，佢哋只係對唔公平嘅事睇唔過眼……而家唔係一個兩個年輕人，係成個香港嘅年輕人，佢哋生活得好辛苦……」

29歲，小朋友？我個仔有事、你哋都有責任？睇唔過眼就要暴動、就要襲警？這是甚麼邏輯？這是甚麼教育思維？我係唔啱，不過最衰都係你！就是這些怪獸家長，教出滿街巨嬰怪物。

訪問尾聲，李子賢父親這樣說：「我最大願望，係希望阿仔下星期可以返嚟一家團聚過中秋。」

你兒子可是暴動、襲警、潛逃、偷渡啊，下星期回來過中秋？這世界還有律法嗎？記者竟然沒有追問，反而播出一段哀怨配樂，配幾個燈籠鏡頭，讓訪問在淒風中作結，留下觀眾滿腦問號：

「中秋？香港監獄6 000幾囚犯都想回家過中秋，犯了法還有過節日的權利嗎？」

「暴動起因是一宗謀殺案，死者潘曉穎的父母，何嘗不想跟女兒過中秋？」

「守城的警察，由上年中秋到聖誕到新年到復活節到今年中秋，都是在暴動現場跟你兒子這樣的暴徒對峙着過，難道他們的家人不想一家團聚？」

不能一家團聚過中秋，不是甚麼「卑微願望」，而是你們的犯罪代價。做傳媒的、做父母的，說點人話，可以嗎？

（原刊於 2020 年 9 月 28 日）